Philippa Perry

Das Buch, von dem du dir wünschst, deine Liebsten würden es lesen (und ein paar von den anderen auch)

PHILIPPA PERRY

Das Buch, von dem du dir wünschst, deine Liebsten würden es lesen

(und ein paar von den anderen auch)

Wie wir gute Beziehungen führen – mit anderen und mit uns selbst

Aus dem Englischen
von Corinna Rodewald und Claudia Max

Ullstein

Die Originalausgabe erschien 2023 unter dem Titel
The Book You Want Everyone You Love To Read*
**(and maybe a few you don't)* bei Cornerstone Press,
einem Imprint von Penguin Random House, London

3. Auflage 2025
ISBN 978-3-550-20259-9

Das Buch enthält Material aus den *Ask Philippa*-Kolumnen im *Observer Magazine*
Umschlaggestaltung: zero-media.net, München, nach einer Vorlage
von Penguin UK
Satz: Pinkuin Satz und Datentechnik, Berlin
Gesetzt aus der Dante
Druck und Bindearbeiten: GGP Media GmbH, Pößneck

Dieses Buch ist all jenen gewidmet, die mutig genug waren, mir ihre Zuschriften an den Observer *zu senden.*

Inhalt

Einleitung

Ich arbeite seit vielen Jahren als Psychotherapeutin, und schon immer fand ich es schade, dass meine Kolleginnen und Kollegen dazu neigen, sich vor allem untereinander und hinter verschlossenen Türen darüber auszutauschen, welche Lösungsansätze sie warum verfolgen. Mich begeistert es nämlich stets aufs Neue, wie hilfreich solche therapeutischen Prinzipien in der Praxis sein können. All die Zuschriften, die ich bekomme, ergeben ein Bild davon, welche Fragen und Dilemmas die Menschen in Bezug auf ihr Leben umtreiben, und ich bemühe mich, Antworten darauf zu geben. Meine Mission besteht also darin, diese Konzepte und Ideen zugänglicher zu machen, und indem ich sie niederschreibe und mein Wissen in leicht verdaulichen Häppchen anbiete, können hoffentlich noch mehr Menschen davon profitieren.

In diesem Buch habe ich viele der Antworten auf die Fragen zusammengetragen, die Sie mir über die Jahre gestellt haben, sei es bei meiner Arbeit als Therapeutin oder als Ratgeberkolumnistin, bei Vorträgen und Veranstaltungen oder bei Alltagsbegegnungen. Ich liebe Ihre Fragen, denn aus ihnen erfahre ich, wo es hakt und Klärungsbedarf besteht. Auch wenn jeder Mensch einzigartig ist und die vorgebrachten Probleme in der Regel sehr spezifisch sind, entdecke ich doch Muster und Gemeinsamkeiten, auf die sich allgemeingültige Weisheiten und Techniken anwenden lassen. Jede Ihrer Fragen hat mich etwas gelehrt, und vielleicht konnte ich auch Ihnen hin und wieder zu einem »Aha-Moment« verhelfen.

Wir alle entwickeln in unserer Kindheit Wertesysteme und Anpassungsstrategien, die uns helfen, uns in unserem frühen Umfeld zurechtzufinden. Oftmals sind wir uns dieser Muster gar nicht bewusst und merken nicht, dass wir anhand von ihnen Entscheidungen treffen und andere Menschen entsprechend dieser ursprünglichen Sicht auf die Welt behandeln. Wenn wir dann älter werden, neuen Menschen begegnen und mehr von der Welt kennenlernen, dienen diese Wertesysteme und Reaktionsweisen uns womöglich nicht mehr, sondern halten uns in überholten Denk- und Verhaltensmustern gefangen. Mit diesem Buch möchte ich Ihnen helfen, Ihre frühen Anpassungsstrategien und Wertesysteme zu verstehen und ein Bewusstsein dafür zu entwickeln, an welcher Stelle sie noch ihren Zweck erfüllen und wo sie womöglich auf den neusten Stand gebracht werden sollten. Stellen Sie sich Ihr Leben wie auf einer Landkarte vor: Nur wenn Sie Ihren Standort kennen und sich somit Ihrer selbst gewahr sind, finden Sie heraus, wie Sie an Ihr gewünschtes Ziel gelangen. Es ist wichtig zu lernen, wie wir auf unser Umfeld reagieren, wie wir wütend werden, wie wir Annahmen über andere treffen und wie wir mit uns selbst sprechen, denn solange wir nicht wissen, was wir tun und wie wir es tun, werden wir auch nicht herausfinden, was wir ändern müssen.

Wer mit einer Therapie anfängt, möchte oft erst einmal über andere reden. Ich erkläre dann, dass wir an anderen Menschen nichts ändern können, an uns selbst aber sehr wohl. Vielen von uns ist nicht bewusst, dass wir diese Kraft haben: Wir können ändern, wie wir auf etwas reagieren. Wir können unsere Prioritäten ändern, unsere Wertesysteme, unsere Gewohnheiten. Veränderungen brauchen Zeit, und es dauert, neue Gewohnheiten zu etablieren. Aber wir können mit Veränderungen experimentieren, wenn wir begreifen, dass wir viel mehr Macht über unser Leben haben, als uns bisher klar war. Insbesondere haben wir Macht über unseren Geist und darüber, womit er sich beschäftigt. Selbst wenn wir uns vollkommen machtlos fühlen, sind wir in der Lage zu entscheiden, wie wir denken wollen, was in unserem Körper vorgeht und wie wir uns auf andere beziehen. Für den Körper bedeutet das, sich bewusst zu machen, wo wir die Spannung halten und wo wir loslassen. Wenn Sie Ihre Aufmerksamkeit zum Beispiel auf Ihren Kiefer lenken, sind die Muskeln dort angespannt oder locker? Richten Sie Ihre Aufmerksamkeit auf Ihren Atem, atmen Sie dann tiefer oder flacher?

Manchmal stellt man sich vielleicht auch die falschen Fragen. Ständig heißt es: »Warum?«, denn wir sind eben sinnsuchende Wesen und sehnen uns nach einem Narrativ. »Warum hat XY mit mir Schluss gemacht?«, »Warum hört mein Kind nicht auf mich?«, »Warum bin ich so unglücklich?«. Das *Warum* ist so emotional aufgeladen, weil wir Geschichten und Erklärungen lieben. Die Frage nach dem *Warum* ist allerdings selten hilfreich; die Antwort liegt in der Regel im *Wie*. Mich interessiert, *wie* es dazu kommt, dass Sie sich so fühlen, wie Sie sich eben fühlen: wie Sie lieben, sich streiten, sich verändern können und Zufriedenheit erlangen. Deswegen ist dieses Buch in vier »Wie«-Kapitel unterteilt. Sie werden zwar separat behandelt und können jeweils für sich stehen, sind aber alle miteinander verbunden.

Als Psychotherapeutin habe ich gelernt, dass Menschen sich jeweils auf eigene Weise und im eigenen Tempo weiterentwickeln, wenn sie in ihrem Umfeld sie selbst sein dürfen und damit experimentieren können, wer sie sein *könnten* – ohne dass ihnen andere oder sie selbst vorschreiben, wer sie sein *sollten*. Genau so gehe ich vor. Meine Definition von einem guten Rat ist, dass jemand etwas in Worte fasst, das Sie schon längst gewusst, aber noch nicht artikuliert haben. Niemand hat immer recht. Auch ich nicht. Und wenn Sie jemandem begegnen, der das von sich behauptet, sollten die Alarmglocken bei Ihnen schrillen, denn die Rechthaber machen uns meist zu Falschliegern – und das ist keine schöne Rolle.

Wenn ich Ihnen einen ersten Rat mitgeben soll, dann wohl den folgenden von der Altmeisterin der Selbsthilfe, Dr. Susan Jeffers: »Sie sind gut genug, genauso wie Sie sind, nämlich ein starker und liebevoller Mensch, der mit jedem Schritt dazulernt und sich weiterentwickelt.« Mit anderen Worten: Sie sind in Ordnung, so wie Sie hier und jetzt sind. Wenn wir etwas gut hinbekommen, wissen wir manchmal gar nicht, warum das so ist, dabei kann auch dieses Wissen nützlich sein. Manchmal sind wir aber auch sehr streng mit uns. Das ist nicht ungewöhnlich. Jede Woche höre ich: »Ich bin nicht gut mit Beziehungen«, »Ich bin eine schreckliche Freundin«, »Ich bin kein kluger Mensch«, »Ich bin zu schüchtern«, … Sie verstehen, was ich meine. Es ist nicht nötig, sich so abzuwerten. Ja, wir haben alle Fehler gemacht, aber sie machen uns nicht aus. Wir lernen aus ihnen, auf dass wir weitergehen und neue Fehler machen können. Wir stellen uns vor, was wir möchten und brauchen, und wenn sich unser Traum erfüllt, lehrt uns die Wirklichkeit womöglich, dass es ein Fehler war. Also korrigieren wir diesen Fehler und lernen daraus, und es folgt die nächste Entscheidung. Eine Weile läuft es gut, doch dann, nach einer gewissen Zeit, müssen wir wieder etwas anpassen. Es ist nicht vorbei, ehe es vorbei ist, und so lange können wir weiter hoffen, uns weiter bemühen und weiter experimentieren. Wenn wir ein endgültiges Urteil über uns selbst fällen und gewissermaßen den Stab über uns brechen, tun wir weder uns selbst noch anderen einen Gefallen. Sich mit seinem Urteil zurückzuhalten, ist fast immer eine gute Idee. Wir alle sind verletzliche Wesen, die lernen müssen, dass man stärker ist, wenn man zu seiner Verletzlichkeit steht, als wenn sich hinter einer Fassade falscher Stärke versteckt.

Schließlich hoffe ich, dass Sie dieses Buch lesen, um sich etwas Gutes zu tun . Es mag trivial klingen, aber wir sollten in erster Linie darauf achten, dass es uns im Leben gut geht. Sollte Ihnen die Lektüre nicht nur gefallen, sondern obendrein dazu führen, dass Sie denken »Ja!« und dass die Dinge auch nur ein kleines bisschen mehr Sinn ergeben – umso besser. Genau das hoffe ich selbstverständlich mit diesem Buch zu erreichen. Aber nur Ihr Leseerlebnis wird Ihnen am Ende sagen, ob ich damit Erfolg hatte oder nicht.

1. WIE WIR LIEBEN

Tiefe und dauerhafte Beziehungen aufbauen, zu anderen und sich selbst

In den westlichen Gesellschaften glauben wir heutzutage, es komme darauf an, unabhängig zu sein. Überall begegnen uns Geschichten vom angeblichen Selfmademan und das Stereotyp von der »modernen unabhängigen Frau«. Nach meiner Überzeugung sind wir jedoch niemals wirklich unabhängig: Im Grunde sind wir bei jedem Aspekt unseres Lebens auf andere angewiesen, von der Ernte unserer Grundnahrungsmittel und deren Lieferung in die Geschäfte über die Versorgung mit fließendem Wasser bis hin zum Bau der Häuser, in denen wir leben. Es ist ein Irrtum zu glauben, es gäbe so etwas wie völlige Unabhängigkeit. Und so wie wir andere brauchen, die uns mit Trinkwasser versorgen, brauchen wir auch die Gesellschaft anderer – selbst wenn die eine oder der andere von uns versucht hat, sich dieses Bedürfnis abzutrainieren.

Anders als viele Tiere sind wir Menschen bei unserer Geburt noch nicht voll entwickelt. Wir entwickeln uns in der Beziehung zu unseren ersten Bezugspersonen: Je nachdem, wie sie sich um uns kümmern, werden unsere Selbstwahrnehmung, unsere Identität, unsere Bedürfnisse und Charaktereigenschaften geformt. Der Psychoanalytiker und Kinderarzt Donald Winnicott sagte: »So etwas wie ein Baby gibt es nicht, es gibt nur ein Baby und seine Mutter.« Das macht uns zu Geschöpfen, die ihr Leben lang Verbindungen brauchen, um sich als Teil der Welt zu fühlen. Normalerweise bestehen diese Verbindungen zu anderen Menschen, doch wir können sie auch zu Vorstellungen, Orten und Gegenständen knüpfen.

Bei meiner Arbeit als Psychotherapeutin habe ich festgestellt, dass die Sorgen und Probleme meiner Klienten fast immer in ihren Beziehungen wurzeln: zum Beispiel darin, wie ihre früheren Beziehungen ihr Wertesystem oder ihre Beziehung zu sich selbst beeinflusst haben oder darin, wie sie selbst in ihren Beziehungen zu anderen feststeckten. Ich beginne dieses Buch deshalb mit der Frage, wie wir Bindungen zu anderen aufbauen, weil es der wichtigste Aspekt in unserem Leben ist. Auf dem Sterbebett wird fast jeder Ihnen sagen, dass das Bedeutendste, was ihm noch bleibt, seine Beziehungen sind, und diese Beziehungen sind in der Regel Beziehungen zu anderen Menschen.

Weil wir kompliziert sind und jeder einen anderen Hintergrund hat – dazu gehören Gewohnheiten, Familiendynamiken, Sprachen und die Art und Weise, wie wir bestimmte Dinge tun –, können Beziehungen knifflig sein. Jeder Mensch hat sein eigenes Wertesystem und seine eigene Art, mit anderen umzugehen. Einen Weg zu finden, wie Ihre Beziehungen für Sie und die Menschen in Ihrem Umfeld funktionieren können, ist daher vielleicht von wesentlicher Bedeutung, aber eben alles andere als ein Kinderspiel. Dieses Kapitel wird Ihnen dabei hoffentlich ein wenig Hilfestellung leisten.

Warum wir uns nach Verbindung sehnen

Sich mit anderen verbunden zu fühlen, ist Teil des Menschseins. Wir brauchen jedoch nicht nur zu anderen Menschen eine Verbindung, sondern auch zu Vorstellungen, Gegenständen und unserem Umfeld. Wir möchten uns zu etwas zugehörig fühlen – sei es durch tiefgehende Unterhaltungen, einen Schwatz an der Bushaltestelle, das Lesen eines Buches oder durch etwas, das man im Fernsehen sieht. Unter anderem deshalb sind wir so süchtig nach unseren Smartphones: Sie vermitteln uns ein Gefühl von Verbindung, und es werden dabei niedrige Dosen des »Glückshormons« Dopamin ausgeschüttet.

Findet Verbindung für uns allerdings nur über ein Display statt, dürfte uns das irgendwann deprimieren, da wir uns aktiver verbinden wollen und Austausch mit anderen brauchen. Ohne ausreichende Verbindungen leidet unsere mentale Gesundheit. Wir möchten Menschen in unserem Leben haben, die uns ein gutes Gefühl geben, und wir sind auf Menschen angewiesen, die unser derzeitiges Selbstbild unterstützen und somit unsere Identität bestätigen. Verbindung ist von Bedeutung, weil die Menschen in unserem Leben wie Spiegel sind, in denen wir uns selbst sehen. Wie andere auf uns reagieren, dient als eine Art Kontrollsystem für unsere psychische Gesundheit.

Allerdings birgt es auch Gefahren, wenn wir zu viele Verbindungen haben. Zur Veranschaulichung kann man sich vorstellen, man hätte überall kleine Häkchen am Körper. Ist keines davon ausgeklappt, kann niemand mit einem in Verbindung treten, und man selbst kann es genauso wenig, was zu Isolation und Einsamkeit führt. Sind jedoch *alle* Häkchen ausgeklappt, verbinden wir uns mit allem und jedem, und zwar ständig, sodass die einzelnen Verbindungen ihre Bedeutung verlieren. Wir springen von einer Person zur anderen, von einer Vorstellung zur nächsten, und es fällt uns schwer, bei einer Person oder einer Sache zu bleiben. Wer sich mit allem und jedem verbindet, wird merken, dass er letztlich gar keine Verbindung aufbaut. Jeder kennt diese zerstreuten Menschen, deren Aufmerksamkeit sich auf alles richtet, denen man nicht gut folgen oder mit denen man sich nicht richtig unterhalten kann, weil man permanent das Gefühl hat, sie seien von etwas abgelenkt. Diese Menschen legen ein sogenanntes manisches Verhalten an den Tag. Manchmal manisch zu sein, ist in Ordnung – für viele kann es ein Weg hin zu Kreativität sein –, aber auf Dauer bietet es keine Stabilität.

Wie so oft gilt es auch hier, eine Balance zu finden. Haben wir ein paar Häkchen ausgeklappt – nicht alle, aber ein paar –, können wir uns bei denen einhaken, die uns wichtig sind, und bei dem, was uns interessiert, und können in diesen Verbindungen einen Sinn finden. So können wir unsere Freizeit für das nutzen, was uns zufrieden macht, können offen für neue Leute sein und uns die Zeit nehmen, ihre Werte kennenzulernen und zu prüfen, ob sie zu unseren passen. Wir tun gut daran, Menschen um uns zu versammeln, die uns ein positives Ge-

Alltagsweisheit
Jeder Mensch braucht das Gefühl dazuzugehören, sei es zu einer Familie, einem Projekt, einer Gemeinschaft oder zu einem anderen Menschen. Wir sind dazu geschaffen, uns zu verbinden, und wenn wir das leugnen, so nur auf eigene Gefahr.

fühl über uns selbst vermitteln und auf unserer Seite stehen, Menschen, die uns, wenn sie uns doch einmal hinterfragen, inspirieren, statt uns herunterzuziehen.

In jeder Gruppe von Menschen – ob in der Schule, bei der Arbeit, in einer sozialen Gruppe oder in einer großen Familie – bilden sich ganz von selbst Untergruppen. Das ist weder gut noch schlecht, sondern normales menschliches Verhalten. Eine Untergruppe entsteht, sobald sich einzelne oder mehrere Personen enger verbinden, und wenn wir einen Platz in einer Gruppe finden, so kann dies für unser Gefühl von Identität und Zugehörigkeit prägend sein. Die Dynamik von Gruppenbildung dient uns nicht nur dazu, die Menschen um uns herum zu spiegeln und dadurch herauszufinden, wer wir *sind*, sondern auch dazu, sich von den Menschen außerhalb der Gruppe abzugrenzen, um zu bestimmen, wer wir *nicht* sind.

Deswegen ist Gruppenzugehörigkeit so wichtig, und deshalb kann es schwierig sein, wenn wir uns ausgeschlossen fühlen. Eine Frau schrieb mir, weil sie mit diesem Gleichgewicht zu kämpfen hatte und es ihr nicht gelang, außer mit ihrem Mann, ihrem Kind und den Freunden ihres Mannes Freundschaften aufzubauen.

> Ich bin zweiunddreißig und Mutter eines fröhlichen Babys. Ich liebe meinen Sohn und genieße die Elternzeit. Mein Mann ist wunderbar und findet es großartig, Vater zu sein.
>
> Wir haben nette Freunde, aber das sind alles Freunde meines Mannes. Ich gehe zwar zu Krabbelgruppen und unterhalte mich dort mit den Leuten, aber wie schließt man tatsächlich Freundschaften? Ich hatte gehofft, ich würde im Geburtsvorbereitungskurs neue Freundinnen

> finden, aber es hat so etwas Cliquenhaftes – ich habe mich wieder wie in der Schule gefühlt. Es kam mir vor wie ein Wettkampf, und mein Mann und ich haben nicht so viel Geld für all die Baby-Accessoires, Aktivitäten und Kurse. Einmal waren wir zum Grillen bei einer der Mütter eingeladen, die in einer Villa lebt, und mir ist es so peinlich, dass wir zur Miete in einem kleinen Haus wohnen.
>
> Schon früher haben mir die Leute gesagt, sie würden mich nicht richtig kennen oder sie fänden es schade, dass sie mich nie richtig kennengelernt hätten. An der Uni habe ich mich mehr auf das Studium konzentriert und nicht viel Zeit mit anderen verbracht. Ich mache mir Sorgen, dass es meinen Sohn womöglich beeinflusst, wenn ich keiner Gruppe von Müttern angehöre, weil er dann keine anderen Kinder zum Spielen hat und sich nicht verabreden kann, dabei will ich ihm doch alles ermöglichen, damit er glücklich ist.

Als Erstes möchte ich feststellen, dass diese Frau Beziehungen durchaus *kann*, denn sie scheint zwei gute zu führen: eine mit ihrem Baby und eine mit ihrem Mann. Aber sie tut etwas, das uns allen hin und wieder passiert: Sie redet sich heraus, weil es ihr schwerfällt, eine Verbindung aufzubauen. Sie wird zu jemandem nach Hause eingeladen, empfindet die Gruppen und Untergruppen, die sich automatisch bilden, aber als »cliquenhaft« und sieht in allem Konkurrenz. Indem sie das Verhalten der anderen analysiert, anstatt ihr eigenes anzuschauen, hat sie eine Ausrede dafür, weshalb sie nichts an ihrer Situation ändern kann. Aber eben weil wir das Verhalten anderer nicht kontrollieren können, unser eigenes aber schon, fängt man meines Erachtens am besten damit an, sich über die eigene Rolle bei dem Problem Gedanken zu machen. Inwiefern tragen wir selbst dazu bei, dass wir keiner Gruppe angehören? Was tun wir, dass wir uns entweder zu überlegen oder zu unterlegen fühlen, um uns dazuzugesellen?

Tatsächlich glaube ich, dass die Frau gar keine neuen Freundschaften schließen wollte. Sie war zufrieden mit ihren bereits bestehenden Verbindungen, und ihr Problem bestand eigentlich darin, dass sie Freundschaften für ihren Sohn schließen wollte und nicht für sich selbst. Nicht alle Menschen brauchen gleich viele Verbindungen – manche können mit sehr wenigen auskommen, und diese Frau ist ein Beispiel dafür. Ich weiß nicht, ob es möglich ist, echte Verbindungen und Allianzen aufzubauen, wenn man keine Freude daran hat und es nicht für das eigene Gefühl von Verbundenheit tut.

Um mit Menschen in Verbindung zu treten, müssen wir mutig sein und uns öffnen, unsere verletzliche Seite zeigen und auf andere eingehen, wenn diese dasselbe tun. Zwei Menschen müssen nicht gleich sein, um einander wirklich zu verstehen. Sie müssen nicht das Gleiche empfinden oder der gleiche Typ sein, ja nicht einmal die gleiche Meinung teilen. Allerdings müssen sie bereit sein, sich verwundbar zu machen und zu zeigen, wie sie sich selbst und die Welt erleben, wie sie reagieren, was sie fühlen und denken; und sie müssen im Gegenzug für das offen sein, was der oder die andere bei ihnen auslöst. Entscheidend ist, dass wir uns um Verständnis für die Gefühle der anderen bemühen, sodass wir mit ihnen mitfühlen und unsererseits Mitgefühl erfahren können.

Um uns wirklich mit anderen verbunden zu fühlen, müssen wir nicht die Person sein, die wir meinen, darstellen zu müssen, oder von der wir annehmen, die anderen würden sie sich wünschen, sondern die Person, die wir tatsächlich sind. Geht man nie das Risiko ein, sein Gegenüber zu irritieren, lässt man auch nicht zu, dass der andere einen wirklich kennenlernt. Damit man uns kennenlernen kann, müssen wir sichtbar sein, wenn wir uns aber verstecken, bleiben wir unsichtbar. Die Sorge darüber, welchen Eindruck man auf andere macht, kann einem oftmals in die Quere kommen, wenn man eine Verbindung aufbauen möchte. Dieses Gefühl kann man umgehen, indem man sich stattdessen für die Person interessiert, die man gerade getroffen hat. Der Fokus verschiebt sich von der eigenen Befangenheit hin zur Neugier auf den anderen. Gelingt uns das, fällt es uns leichter, das Erfreuliche an jemandem zu sehen, statt ihn anstrengend zu finden.

Eine Möglichkeit, mehr Erfahrungen zu sammeln und Verbindungen aufzubauen, besteht darin, im Hier und Jetzt zu agieren und sich auszutauschen, ohne zu meinen, man müsse schon alles parat haben, bevor man den Mund aufmacht. Dafür darf man nicht jeden Gedanken filtern. Sagen Sie zu jemandem: »Ich möchte Sie gern kennenlernen«, oder versuchen Sie, andere furchteinflößende, selbstoffenbarende Gedanken zu artikulieren, ohne sicher zu sein, wie sie ankommen. Wie Sie sich fühlen, können Sie nicht nur im eigenen Kopf, sondern auch in Beziehung zu jemand anderem herausfinden. Äußern Sie sich spontan. Üben Sie, Sie selbst zu sein und nicht mit Sicherheit zu wissen, wie das bei anderen ankommt. Wer nicht wagt, der nicht gewinnt. Ist das eine todsichere Methode? Nein, es ist ein Risiko. Aber dieses Risiko ist es wert. Wenn unsere Beziehung zu jemandem nur in unserem Kopf stattfindet und wir annehmen, wir wüssten, wie diese Person auf uns reagiert, dann ist es im Grunde keine Beziehung. Als die Frau in meinem Beispiel schrieb, die anderen verhielten sich cliquenhaft oder würden alles wie einen Wettkampf angehen, sprach sie nicht von ihnen: Sie sprach von ihrer Vorstellung von ihnen, und so etwas verhindert die Verbindung.

Wenn Sie zeigen, wer Sie wirklich sind, und es Ihnen trotzdem schwerfällt, Anschluss zu finden, dann sollten Sie vielleicht woanders nach Ihren Leuten suchen. Ich zum Beispiel fühle mich in meinem Leben in London sehr wohl, wo ich vielen Gruppen angehöre – manchen davon formell, wie etwa einem Chor, in dem ich singe, anderen informell, wie Freundeskreisen. Bevor ich allerdings hierherzog, war ich oft verunsichert, weil ich das Gefühl hatte, ich würde nicht richtig dazugehören. Ich glaube, es lag daran, dass ich noch nicht die richtigen Leute für mich aufgespürt hatte. Das Stereotyp vom Kleinstadtmenschen, der in die Großstadt zieht und dort Anschluss findet, hat seine Berechtigung, denn bei mehr Menschen, aus denen man wählen kann, eröffnen sich auch mehr Chancen, Gleichgesinnte zu finden. Vielleicht hatte ich die passenden Leute für mich auch noch nicht entdeckt, weil ich noch nicht herausgefunden hatte, wer ich selbst eigentlich war. Man kann nicht man selbst sein, wenn man nicht weiß, wer dieses Selbst ist. Einer der besten Wege, um das herauszufinden, ist das spontane Gespräch mit anderen.

Manchmal sind Beziehungen schwierig

Über die Jahre habe ich Zuschriften bekommen, in denen es um Partner ging, die immer recht haben wollen, um Freundinnen, die es einem schwer machen, um Eltern, die auch dann noch das Leben bestimmen, wenn man schon erwachsen ist, um Vorgesetzte, die nicht zuhören, und um subtile Tyrannen, deren permanente Mikroaggressionen das Selbstbewusstsein der Betroffenen dermaßen untergraben haben, dass diese nicht einmal mehr sicher sind, ob sie mit den Füßen noch auf der Erde stehen oder in Treibsand stecken. Manchmal reagieren wir mit Rückzug, weil uns Beziehungen einfach zu schwierig vorkommen.

Ich denke da an eine Frau, die mir nach dem Lockdown schrieb, weil es ihr schwerfiel, sich nach einer Phase der Isolation wieder unter Menschen zu begeben.

> Ich kann erst jetzt wieder am sozialen Leben teilhaben, nachdem ich mich zwanzig Monate lang isolieren musste. Wegen medizinischer Komplikationen wurde ich erst vor Kurzem geimpft und war davor aus Angst vor Corona vollkommen allein. Eine lebensbedrohliche Infektion während des Lockdowns, die ich zum Glück überstand, hat mir gezeigt, wie allein und verletzlich ich bin.
>
> Mir wurde außerdem gekündigt. Ich habe mich auf neue Stellen beworben und Vorstellungsgespräche gehabt, aber ich werde ja sowieso abgelehnt, und selbst wenn nicht, wird mein Wert infrage gestellt und heruntergehandelt.
>
> Ich bin so enttäuscht von Freunden, die ich eigentlich für zuverlässig gehalten habe. Auch Kollegen haben mich

> fallen gelassen, als ich ihnen nichts mehr bieten konnte, nachdem ich meinen Job verlor. Man ist in seinem Leben vollkommen allein, und Beziehungen sind allesamt bedeutungslos.
>
> Mit nun neununddreißig Jahren habe ich die Hoffnung auf eine Beziehung und eine eigene Familie aufgegeben. Männer wollen schon beim ersten Date wissen, ob man sich zu ihnen hingezogen fühlt – ich brauche aber länger, um das sagen zu können. Es kommt mir vor, als würde niemand mehr Wert darauf legen, Beziehungen zu pflegen. Ich suche auch gar nichts Großes, mir würde es schon reichen, wenn mir jemand auf eine Nachricht antwortet, egal wie, ob er Lust auf einen Spaziergang hat, hin und wieder zusammen lachen und reden mag oder sich ohne Erwartungen zu einem Date verabreden möchte.
>
> Die Tür zur Welt mag sich wieder geöffnet haben, aber es fällt mir schwer durchzugehen.

Isolation und Einsamkeit machen uns anderen gegenüber skeptisch oder sogar misstrauisch. Wenn etwas ein oder zwei Mal passiert, erleben wir das womöglich bereits als Muster und ziehen uns zurück, um uns vor einem weiteren Mal zu schützen. Wir zeigen nur ungern unsere verletzliche Seite, aus Furcht, wir könnten erneut zurückgewiesen werden. Menschen sind Herdentiere, und wenn eines der Tiere aus dem Rudel genommen, in Isolation gehalten und schließlich wieder mit dem Rudel vereint wird, stürzt es sich nicht sofort ins Getümmel. Es hält sich am Rand, geht keine Risiken ein und bleibt relativ isoliert. Entsprechende Versuche hat man mit Ratten und Fruchtfliegen durchgeführt. Ich glaube, dass Menschen sich in Bezug auf ihre Instinkte nicht wesentlich davon unterscheiden.

Wir können schlechte Erfahrungen beim Dating machen oder mit Menschen, die wir für unsere Freunde gehalten haben, und es ist nur natürlich, wenn wir das als Muster auffassen und glauben, dass von nun an alle Erfahrungen irgendwie ähnlich verlaufen werden, und somit beweisen, dass Menschen im Grunde schlecht und Beziehungen bedeutungslos sind. Dafür können wir sehr vernünftig klingende Begründungen finden – genau wie die Frau im Beispiel oben, die mir ihre Beweise vorlegte. Rationale Erklärungen können sich jedoch als unser Feind entpuppen, wenn wir mit ihnen unsere instinktive Reaktion bestärken, nach einer Phase der Isolation vor neuen Menschen zurückzuschrecken.

Wir können auf zweierlei Arten mit solchen Gefühlen von Angst und Misstrauen umgehen: Wir können uns davon beherrschen lassen und uns weiterhin verstecken, oder wir können die Angst spüren und trotzdem teilhaben. Verstecken wir uns, so nähren wir unsere Angst weiter; wenn wir uns aber trauen, sie zu spüren und trotzdem aktiv zu werden, wird die Angst allmählich schwinden, und obwohl wir nicht damit gerechnet haben, können wir neue Beziehungen aufbauen.

Manchmal landen wir beim Alles-oder-nichts-Denken. Unsere innere Stimme sagt dann Sachen wie: »Niemand kümmert sich um irgendwen«, »Alle denken nur an sich«, »Freundschaften sind doch sinnlos«. All diese Sätze haben eine Gemeinsamkeit: Sie lassen keine Ausnahmen zu. Sie behaupten, das Leben wäre entweder eine Eins oder eine Zehn, dabei gibt es dazwischen fast immer das ganze Spektrum von zwei bis neun. Man kann diese Alles-oder-nichts-Sätze gut daran erkennen, dass Begriffe wie »alle«, »jeder«, »hundert Prozent«, »niemand« oder »nie« darin vorkommen – in dem Fall handelt es sich vermutlich um eine Fantasievorstellung, eine Theorie oder einen vertrauten Glaubenssatz, und das sollten wir hinterfragen oder ändern. Ich sage es nicht zum ersten Mal: Nur weil etwas vertraut ist, ist es noch lange nicht wahr.

Lassen Sie uns stattdessen eine andere Fantasievorstellung entwickeln. Es könnte ebenso gut heißen: »Alle sind attraktiv und klug und interessieren sich für mich.« Natürlich entspricht auch das nicht der Wahrheit, aber ich finde, wenn man sich schon etwas ausdenkt, dann doch bitte etwas Schönes. Die Vorstellung, die man sich selbst anerzogen hat, beeinflusst, welche Energie man im Zusammensein mit anderen Menschen ausstrahlt und wie sie einen im Miteinander wahrnehmen.

Jede Annahme, die Sie über andere treffen, kann zu einer sich selbst erfüllenden Prophezeiung werden. Wenn Sie zu einer Zusammenkunft von Menschen gehen und dabei denken: »Niemand mag mich, niemand will mit mir reden, Beziehungen sind bedeutungslos«, wie spiegelt sich das wohl in Ihrer Körpersprache? Was strahlen Sie aus? Wahrscheinlich bleiben Sie am Rand stehen, vermeiden Blickkontakt und halten sich in etwaigen Gesprächen bedeckt. Stellen Sie sich jetzt vor, Sie denken: »Alle sind interessant und attraktiv und freuen sich, mich zu sehen, und auch ich bin interessant, attraktiv und etwas wert. Ich will ihnen von meinen Gedanken erzählen, und ich

Alltagsweisheit
Wir können nicht anders, als uns vorzustellen, was andere von uns halten. Aber wenn man sich schon etwas ausmalt, dann doch bitte etwas Schönes. Es ändert vielleicht nichts, beruhigt aber.

will herausfinden, worüber sie nachdenken.« Wie spiegelt sich das wohl in Ihrem Gesicht, in Ihrer Körpersprache, in Ihrem Blickkontakt und in Ihrer Ausstrahlung? Es wird Sie zugänglicher, freundlicher und nahbarer machen.

Unsere Herausforderung besteht darin, nicht den Glauben an das Gute in den meisten Menschen zu verlieren. Nicht alle Menschen sind nur schlecht, manche sind sogar ganz wunderbar und interessant, und man kann Spaß mit ihnen haben. Es kann sein, dass wir uns angewöhnen, Beziehungen mit anderen ausschließlich im Kopf zu führen, und wir stellen uns vor, ihre Beweggründe, Gedanken und Gefühle wären durch und durch schlecht. Weil wir das nie im tatsächlichen Austausch mit ihnen überprüfen, quälen wir uns letztlich selbst, geben aber den anderen die Schuld. Wir haben das alle schon einmal getan. Aber wir können damit aufhören. Bewahren Sie eine optimistische Haltung anderen gegenüber, und erweitern Sie behutsam die Grenzen Ihrer Komfortzone, damit Sie sich wieder auf andere einlassen können und nicht mehr so ängstlich sind. Wir haben der Fruchtfliege etwas voraus: Wir können unsere Instinkte bewusst anerkennen, sie verstehen und uns dann entscheiden, uns über sie hinwegzusetzen. Anstatt unseren Instinkten das Kommando zu überlassen, können wir es unserem Verstand übergeben.

Es ist mir ein großes Anliegen, Wertesysteme zu ändern, und der Trick besteht darin, zu erkennen, wann man eine fixe Idee über eine Person oder eine Gruppe von Menschen hat. Das ist der Fall, wenn man sich die Rosinen aus den vermeintlichen Beweisen herauspickt, um die eigene Ansicht zu untermauern, anstatt das große Ganze zu betrachten. Ein weiteres Indiz dafür sind Alles-oder-nichts-Sätze. Wenn Sie nun eine negative Vorstellung über andere in eine positive verwandeln, wird sich das in Ihrem Gesicht spiegeln und Ihr ganzes Leben umkrempeln. So war es bei mir und auch bei meinen Klienten und Klientinnen, und wahrscheinlich bin ich deswegen so ein Fan davon. Sich neu zu programmieren von »Alle sind furchtbar« zu »Alle sind zauberhaft«, macht womöglich den entscheidenden Unterschied in Ihrem Leben. Vielleicht fällt es Ihnen leicht, vielleicht erfordert es aber auch Ihren ganzen Mut, diesen Schalter umzulegen. Richten Sie Ihre Aufmerksamkeit auf ein hoffnungsvolles Gefühl, und nehmen Sie wahr, dass manche Samen tatsächlich aufgehen (aber nur, wenn Sie sie gesät haben).

Und jetzt sprechen Sie mir nach: »Jeder ist interessant und attraktiv, Sie und ich eingeschlossen, und wir freuen uns alle, einander zu sehen.« Sie werden das ein wenig üben müssen, sofern Sie sich an »Keiner ist die Mühe wert« gewöhnt haben. Zeit für ein Upgrade auf Ihre nächste sich selbst erfüllende Prophezeiung. Wir haben nur ein Leben (so sieht es zumindest aus) – seien Sie also keine Fruchtfliege.

Wie wir Bindungen eingehen

Die Art, wie wir in unserem Leben heute Verbindungen aufbauen, ist häufig davon beeinflusst, wie wir in der Vergangenheit geliebt wurden. Wir suchen uns Partnerinnen oder Partner, die in uns die gleichen Gefühle auslösen, wie wir sie mit den Menschen erlebt haben, die uns großgezogen haben. Manchmal heißt es, Liebe fühle sich an wie »nach Hause kommen«, als würde man etwas Vertrautes wiederfinden, aus einer Zeit, ehe man diese Vertrautheit überhaupt mit Worten beschreiben konnte. Das Problem mit dem, was sich auf diese Weise vertraut anfühlt, besteht darin, dass es sich auch richtig anfühlt. Wenn wir einer Person begegnen, die diese Gefühle in uns auslöst, kann sich das wie ein Funke anfühlen, weil uns das Vertraute wie gute Chemie vorkommt. So ist es dem Mann passiert, der mir wegen seiner Beziehungsprobleme schrieb.

> Die ersten drei Jahre unserer Beziehung war ich sehr verliebt in meinen Ex-Freund. Die Probleme fingen an, als er mir einen Antrag machte. Ich spürte, wie wir uns voneinander entfernten, und bat darum, gemeinsam zur Paarberatung zu gehen. Die half nicht. Er sagte in der Sitzung ein paar Dinge, die heute noch wehtun. Etwa, dass unsere Partnerschaft wie ein jammerndes Kind sei, vor dem er wegrennen wolle. Je mehr er sich zurückzog, desto verzweifelter wurde ich, weil unsere Beziehung den Bach runterging.
>
> Die Hochzeitspläne wurden auf Eis gelegt. Was das Fass zum Überlaufen brachte, war eine große Urlaubsreise, die er mit einem Freund plante, ohne mich in ir-

> gendeiner Form mit einzubeziehen. Ich war am Boden, und eines Tages, nachdem er mich beleidigt hatte, habe ich kurzerhand Schluss gemacht. Als ich mich wieder beruhigt hatte, wollte ich es zurücknehmen, aber er wollte nichts mehr davon hören. Ich habe ihn nie wiedergesehen.
>
> Persönlich und beruflich geht es mir jetzt wieder gut. Mich verfolgen aber noch Gefühle der Trauer, und ich mache mir Sorgen, dass ich es nicht bis zu dem Punkt schaffe, an dem es nicht mehr an mir nagt. Ich brauche es für meinen Seelenfrieden, dass er sich bei mir meldet und mir sagt, dass ihm unsere Freundschaft fehlt. Obwohl ich seitdem andere Beziehungen hatte, werde ich das Gefühl nicht los, dass ich mich nie ganz davon erholen und nie wieder richtig in meinem eigenen Leben ankommen werde.

Ich vermute, der Ex-Freund dieses Mannes war ein Vertreter dessen, was Leute meines Berufs als »vermeidenden Bindungsstil« bezeichnen. Das bedeutet, dass er nicht viel Nähe zulässt – auch wenn er es vielleicht glaubt. Es ist nicht ungewöhnlich, dass Menschen dieses Bindungsstils vor einer Beziehung zurückscheuen, sobald sie verbindlicher wird – selbst wenn sie es waren, die diese Verbindlichkeit angestoßen haben. Menschen entwickeln diesen Bindungsstil, wenn sie in der Kindheit gelernt haben, dass sie sich nicht darauf verlassen können, von anderen getröstet zu werden. Sie lösen das Problem, indem sie unbewusst beschließen (noch bevor sie sprechen können), niemals jemanden zu brauchen. So kann, was wir in unserem frühen Umfeld als Schutz aufgebaut haben, zu einem Hindernis werden und uns in neuen Situationen hemmen: Was einst der Selbsterhaltung diente, kann zur Selbstsabotage führen. Ich könnte mir vorstellen, dass der Ex-Freund aus dem Beispiel das menschliche Bedürfnis nach Verbindung bis zu einem gewissen Grad beängstigend oder abstoßend findet.

Der Verfasser des Briefs hingegen hat möglicherweise den von Therapeuten »unsicher-ambivalent« genannten Bindungsstil. Eine der zentralen Emotionen, die Menschen mit diesem Bindungsstil als Kinder verspürten, ist Sehnsucht: Sie sehnten sich nach der Aufmerksamkeit eines Elternteils und empfinden Sehnsucht jetzt als Liebe. Es fühlt sich richtig an, weil es vertraut ist: Ihre ersten Bezugspersonen lösten vermutlich mehr Sehnsucht als Sicherheit aus. Es klingt vielleicht weit hergeholt, aber schauen Sie sich ein Kleinkind an, das sein Elternteil braucht. Sehen Sie sich an, wie es klammert, wie verzweifelt es ist, wie es sich sehnt: Es ist alles da. Jemand mit einem unsicheren Bindungsstil wird womöglich von einem inneren Gespenst dieses Babys oder Kleinkinds verfolgt, das sich immerzu sehnte und nur in unregelmäßigen Abständen die Glückseligkeit einer flüchtigen Umarmung spürte, was die Sehnsucht letztlich nur noch verstärkte.

Menschen mit diesem Bindungsstil fühlen sich oft zu Vermeidern hingezogen und suchen sich entsprechende Partner. Sich unsicher bindende Menschen sind gut darin, sich zu sehnen, und als Geliebter, der sehr wahrscheinlich Sehnsucht auslöst, kommt daher jemand infrage, der Verbindlichkeit aus dem Weg geht – mit anderen Worten, jemand mit einem vermeidenden Bindungsstil. Wenn wir es unseren ersten Bezugspersonen scheinbar nie recht machen konnten, fühlt sich das psychisch unter Umständen wie eine noch nicht erledigte Aufgabe an, und so suchen wir uns Partner aus, denen wir es ebenfalls nicht recht machen, damit wir es diesmal hinbekommen und alles Unerledigte zum Abschluss bringen können. Jemand, der hinreißend ist, aber nie ganz für uns da sein kann, wird dieses Feuer entzünden. Menschen mit unsicherem Bindungsstil sind süchtig nach den Höhen der Liebe, und die sind nur möglich, weil es auch die Tiefen gibt.

Selbstverständlich sucht sich niemand seinen Bindungsstil aus – wie wir Bindungen aufbauen, ist ein unbewusster Vorgang. Auch muss niemand für immer bei seinem Stil bleiben – ist man sich dessen erst einmal bewusst, kann man aktiv etwas dagegen unternehmen. Ich glaube, dass der Verfasser des oben zitierten Briefes und andere Menschen wie er Heilung finden können. Sollte Ihnen seine Situation vertraut vorkommen, schlage ich vor, dass Sie an Ihre allerersten Bindungen zu den Menschen zurückdenken, die Sie großgezogen haben – oder dies nicht getan haben, aber hätten tun sollen –, und dass Sie sich dann ansehen, inwiefern Beziehungen in Ihrem heutigen Leben womöglich diese alten Knöpfe drücken. Mussten Sie sich für die Anerkennung eines Elternteils abrackern? Hat eine Lehrerin, für die Sie geschwärmt haben, Sie nicht gelobt? Haben Sie sich immer nur in Menschen verliebt, die unerreichbar sind, zum Beispiel weil sie im Ausland leben oder schon verheiratet sind?

Alltagsweisheit

Vertrautes halten wir oft fälschlicherweise für wahr. Nur weil wir es gewohnt sind, auf eine bestimmte Weise zu denken oder zu fühlen, bedeutet das nicht, dass es richtig ist.

Bleibt Ihre Liebe immer wieder unerwidert, sollten Sie über Ihre Sehnsucht nachdenken. Wenn Sie sich sehnen, dann vereinnahmt Ihre Sehnsucht Sie so sehr, dass Sie eins mit ihr werden. Treten Sie jetzt einen Schritt zurück. Betrachten Sie Ihre Sehnsucht mit etwas Abstand. Um sich von ihr lösen zu können, müssen Sie erkennen, dass Ihr Typ nicht Ihr Typ ist. Der Typ, der zu Ihnen passt, ist nicht der mit dem vermeidenden Bindungsstil, der Ihnen zu diesen Höhen verhilft, auf die dann wieder Tiefen folgen, sondern jemand, der greifbar und zuverlässig ist. Das kennzeichnet den sogenannten sicheren Bindungsstil. Es wird keine Liebe auf den ersten Blick sein, weil die Person Ihnen nicht so vertraut sein wird wie ein Vertreter des vermeidenden Stils, aber auf diesen Menschen können Sie sich verlassen. Sie werden keine Höhenflüge erleben, aber eben auch keine tiefen Täler durchschreiten müssen, und mit der Zeit werden Sie beide einander vertrauter und erreichen gemeinsam ein dauerhafteres Hoch, das sich auf der Zufriedenheit gründet, die Sie in der Gesellschaft des jeweils anderen finden, und nicht auf dem Rausch, der durch sporadische positive Verstärkungen ausgelöst wird.

Zwei Formen von Freundschaft

Jeder Mensch hat seine eigenen Vorlieben, Angewohnheiten und Überzeugungen in Bezug darauf, wie er Verbindungen schafft und erhält, was er den Menschen in seinem Leben schuldig ist, wie er sich ihnen gegenüber verhalten sollte, was akzeptabel ist und was nicht, was loyal und was nicht – und bei jedem von uns sieht das anders aus. Wenn wir davon ausgehen, dass andere sich genauso verhalten wie wir, dann sind es sehr wahrscheinlich unsere eigenen Annahmen und Erwartungen, die uns schmerzen werden, und nicht irgendjemand anderes, der absichtlich etwas tut, um uns zurückzuweisen.

Ich bekomme viele Briefe, in denen es um zwei befreundete Menschen geht, die sich nahestanden, bis einer von ihnen die Freundschaft scheinbar aufgab. Die folgende E-Mail von einer Frau, die vom Umzug ihrer Freundin in die USA berichtet, ist ein Beispiel dafür.

> Ich habe den Kontakt zu der Person verloren, von der ich dachte, sie sei meine beste Freundin. Wir haben uns in der Schule kennengelernt, als sie aus ihrer Heimat für ein Austauschjahr herzog. Zehn Jahre lang war sie für mich der wichtigste Mensch auf der Welt, und wir haben uns alles erzählt.
>
> Vor ungefähr fünf Jahren zog sie für die Arbeit nach Amerika, aber vor ihrer Abreise kam sie mich besuchen, und es war wunderbar. Es war uns schwergefallen, in Kontakt zu bleiben, da wir angefangen hatten zu arbeiten und uns in zwei verschiedenen Ländern ein Leben aufbauten, aber ich hatte nie angezweifelt, dass ihre Zeit auf

> der anderen Seite des Atlantiks etwas anderes bedeuten könnte, als dass wir uns noch mehr zu erzählen hätten.
>
> Sie schickte mir eine Postkarte aus Amerika, und ich fragte ihre Eltern mehrmals nach ihrer Adresse, damit ich ihr zurückschreiben konnte, weil ihre E-Mail-Adresse nicht mehr funktionierte. Aber ich bekam nie eine Antwort. Über soziale Netzwerke (über ihren Bruder, sie ist nämlich online nicht aktiv) kann ich sehen, dass sie den Freund geheiratet hat, der mit ihr in die Staaten gegangen war, und dass sie jetzt wieder in ihrer Heimat wohnt und ein Kind bekommen hat.
>
> Es tut wahnsinnig weh, dass es solche Meilensteine in ihrem Leben gab und sie dabei anscheinend nie an mich gedacht hat. Ich habe ihr einen Brief geschrieben, in dem ich ihr sage, wie am Boden zerstört ich bin (an die Adresse ihrer Eltern, die kann ich immer noch auswendig), aber ich bringe es nicht über mich, ihn abzuschicken, denn es könnte ja sein, dass sie nicht darauf reagiert oder mir irgendetwas erzählt, das mich total verletzt. Soll ich ihn abschicken?

Die Vorlieben und Eigenheiten der Menschen in Bezug auf Freundschaften unterscheiden sich. Manche Menschen haben ihre beste Freundin schon seit der Grundschule, während andere sich zwar vielleicht auch darüber freuen, jemanden von früher wiederzusehen, aber eher dazu neigen, sich mit Menschen aus ihrem jetzigen Leben enger zu verbinden. Ich sage nicht, dass eine Art besser ist als die andere oder eine moralisch und die andere nicht, sondern lediglich, dass jeder von uns ganz von selbst seine Art entwickelt, wie er sich in der Welt bewegt.

Fällt es Ihnen von Natur aus leicht, Freundschaften auch

über die Distanz zu pflegen – wie die Frau, die mir die E-Mail geschrieben hat –, sind Sie womöglich verblüfft oder gar gekränkt, wenn eine Freundin wegzieht und sich nicht mehr bei Ihnen meldet. Hätten Sie selbst so gehandelt, wäre dem irgendeine Verletzung oder ein Missverständnis vorausgegangen. Und wenn Sie sich nicht vorstellen können, was das gewesen sein mag, gehen Sie vielleicht davon aus, dass die Person entweder gemein ist oder dass Sie selbst irgendwie unsympathisch sind. Ebenso gut möglich ist aber, dass die betreffende Person ein anderes Freundschaftsmuster hat als Sie. Ist Ihre Freundin jemand, dessen Freundschaften meist mehr mit der Gegenwart als mit der Vergangenheit zu tun haben, wäre sie womöglich verblüfft, wenn man ihr sagte, dass sie Sie verletzt hat, weil sie sich nicht gemeldet hat. Die Annahmen Ihrer Freundin über Freundschaften im Allgemeinen sind vielleicht andere als Ihre.

Dann gibt es da noch die Beste-Freundinnen-Freundschaft, die schon fast einer Partnerschaft gleichkommt, sobald aber der wahre Angebetete für eine tatsächliche Partnerschaft auftaucht, nur ein Probelauf für eine klassische Liebesbeziehung gewesen zu sein scheint. Natürlich ist das in Ordnung, wenn beide Beteiligte es so gesehen haben, aber wenn eine davon ausgegangen ist, die Freundschaft sei eine Bindung fürs Leben, die oder der andere aber der Meinung ist, solche Freundschaften würden von romantischer Liebe ersetzt, kommt es womöglich zu Verletzungen. Die wichtigste Person im Leben von jemandem zu sein, kann auch zu viel Druck bedeuten. Das Leben bewegt und verändert sich, und Prioritäten verändern sich mit.

Vor allem, wenn wir älter werden, kann es uns mühsamer vorkommen, auszugehen; wir sind eventuell festgefahrener in unseren Gewohnheiten und auch nicht mehr ganz so flexibel in unseren Einstellungen. In jüngeren Jahren ist man in der Regel offener dafür, Neues auszuprobieren und neue Leute kennenzulernen, weil man mehr Energie hat. Später sind Gewohnheiten und Persönlichkeit bereits stärker ausgeprägt, sodass es ein komplexerer Vorgang ist, eine neue Bindung aufzubauen. Da draußen warten unzählige potenzielle Verbindungen, und jeder Mensch befindet sich in einem anderen psychologischen Raum und stürzt sich mit seinem eigenen Sortiment an Einstellungen und Wünschen ins Getümmel. Ich glaube, für jemanden, der schon etwas älter ist, kann es schwieriger sein, eine starke Bindung aufzubauen, während Jüngere noch gemeinsam reifen können. Deshalb ist es aber keineswegs unmöglich.

Der Mythos der Perfektion

Die Autorin Naomi Alderman sagte, der Zweck einer Partnerschaft liege darin, einen Zeugen für sein Leben zu haben. Auch wenn es eine Menge Menschen gibt, die ihr Leben glücklich und erfolgreich ohne Liebesbeziehung führen, ist es doch ein anderes Erlebnis zu zweit. Sophie Heawood, über viele Jahre alleinerziehende Mutter und Autorin von *The Hungover Games*, erzählte mir, ihr sei kürzlich klar geworden, dass ein Partner nicht nur das Leben in den eigenen vier Wänden verändert, sondern mindestens genauso die Art und Weise, wie man die Welt außerhalb davon erlebt. Letzteres habe sich verbessert, seitdem sie weiß, dass zu Hause jemand auf sie wartet, der sie bedingungslos liebt. »Es fühlt sich an, als würde ich wasserfeste Kleidung tragen, nachdem ich viele Jahre lang immer ein bisschen zu schnell nass geworden bin«, erklärt sie.

Es gibt jede Menge Studien dazu, wie sich eine Langzeitbeziehung auf Gesundheit und Wohlergehen auswirkt, und man könnte stundenlang dazu im Internet recherchieren. Für mich bedeutet Partnerschaft unter anderem, eine Beziehung auf Augenhöhe mit einem Menschen zu führen, den man liebt und der einen genauso akzeptiert, wie man ist, und mitsamt Fehlern und Schwächen ebenfalls liebt. Unter solchen Umständen wäre es schwierig, sich als Mensch nicht weiterzuentwickeln, nicht mehr Mut, Großzügigkeit und Liebe zu haben, die man nicht nur dem Partner oder der Partnerin schenkt, sondern allen um einen herum. Einen liebenden Partner zu finden, ist wie der Zuckerguss auf einem leckeren Kuchen. Womit ich sagen will, dass es auch in Ordnung ist, wenn man den Kuchen lieber ohne Zuckerguss genießt.

Die meisten E-Mails, die ich bekomme, drehen sich um die Frage, wie man den perfekten Partner oder die perfekte Partnerin findet, besonders in der heutigen Zeit des Online-Datings. Viele von ihnen haben zu kämpfen und sind mit den Nerven am Ende. So auch der Verfasser der folgenden Zeilen.

> Ich hatte einige kürzere Beziehungen, viele Dates und eine lange Beziehung (die inzwischen eine Weile her ist), bei der ich am Tag vor der geplanten Hochzeit verlassen wurde. Ich habe mir sehr viel Mühe beim Online-Dating gegeben, aber nachdem ich innerhalb von sechs Monaten 47 Frauen ernst gemeinte persönliche Nachrichten geschickt und keine einzige positive Antwort bekommen habe, hat es mir gereicht. Ich bin Ende fünfzig, schlank, fit und groß, sehe durchschnittlich und konventionell gut aus, kann mich ausdrücken, habe Humor und bin intelligent.
>
> Neben dem Online-Dating bin ich auch noch Teil einer Gruppe, die hier vor Ort Zusammenkünfte und Ausflüge organisiert, um Leute kennenzulernen. Wenn ich da die Frauen abziehe, die zu alt sind, mit denen ich nicht auf einer Wippe sitzen wollen würde oder die über Beziehungen sagen: »Habe ich alles schon hinter mir«, bleibt selten noch jemand übrig.
>
> Vor Kurzem habe ich mich ein paarmal mit einer Frau getroffen, die über eine feste Beziehung sprach, nur um dann ohne jede Erklärung von heute auf morgen mit mir Schluss zu machen. Das hat mich völlig niedergeschmettert. Wir haben uns zwar höchstens umarmt, aber allein das hat mich daran erinnert, was mir in meinem kalten Leben fehlt.

> Den Spruch, dass es für jeden jemand Passenden gibt, habe ich gründlich widerlegt. Er stimmt ganz offensichtlich nicht. Soll ich mich nun damit abfinden, den Rest meines Lebens allein zu bleiben? Oder soll ich weiter suchen und hoffen, einem besonderen Menschen zu begegnen, auch wenn ich weiß, dass es meinem Selbstbewusstsein und meiner psychischen Gesundheit schadet, wenn ich immer wieder scheitere?

Einer der Fehler, die ich immer wieder bei Menschen beobachte, besteht darin, dass sie Online-Dating so angehen, als würden sie shoppen gehen: Sie scrollen und wischen, um den perfekten Menschen zu finden, als suchten sie nach der perfekten Jeans. Es tut mir leid, aber den perfekten Menschen gibt es nicht. Dem Herrn aus dem Beispiel gab ich den Rat, möglichst unvoreingenommen zu bleiben, mehr »ich weiß nicht« zuzulassen und sich weniger sicher zu sein, wie die Menschen sind und ob er sich wohl gut mit ihnen verstehen würde. Schieben Sie Ihr Urteil erst einmal beiseite (man merkt schließlich sofort, wenn jemand einen schon von vornherein abgestempelt hat). Vermeiden Sie es, die Leute in Schubladen zu stecken, und außerdem ist Ihr Typ womöglich ohnehin nicht Ihr Typ.

In Zeiten des Online-Datings ist es schwer, verbindlich zu werden, denn die Auswahl ist unendlich. Entscheiden wir uns für eine Sache, beenden wir gleichzeitig etwas anderes, und sobald wir uns für eine Person entscheiden, verabschieden wir uns von der Möglichkeit, eine andere Wahl zu treffen. Wünschen wir uns aber eine Beziehung, die sich zu etwas entwickeln kann, müssen wir uns entscheiden, auch wenn es ein natürlicher Impuls ist, alles zu wollen. Verständlicherweise will auch niemand eine falsche Entscheidung treffen, aber diese Angst, einen Fehler zu begehen, kann dazu führen, dass man immer nur Zuschauer bleibt.

Der Psychologe Barry Schwartz ging mithilfe von Experimenten der Frage nach, in welchem Maße die uns zur Verfügung stehende Auswahl beeinflusst, wie wir zu unseren Entscheidungen stehen. Seine Forschungsergebnisse zeigen, dass die Leute sich bei einer Auswahl von sechs verschiedenen Schokoladen zügig entscheiden und mit ihrer Auswahl zufrieden sind. Stehen aber hundert verschiedene Sorten zur Wahl, greifen die meisten nicht zur ersten, die ihnen wahrscheinlich schmecken wird, sondern zerbrechen sich über alle hundert Sorten den Kopf, und wenn sie sich schließlich für eine entschieden haben, sind sie viel unzufriedener mit ihrer Wahl als diejenigen, denen nur sechs Schokoladen zur Auswahl standen. Schwartz fand außerdem heraus, dass die Menschen in der Regel entweder »Maximizer« oder »Satisficer« sind (ein Kofferwort aus den englischen Begriffen für »zufriedenstellend« [*satisfying*] und »genügen« [*suffice*]). Erstere streben nach Perfektion, Letztere haben eine »Passt schon«-Einstellung. Raten Sie mal, wer insgesamt glücklicher ist? Genau, die Satisficer. Es ist normal, sich darüber Gedanken zu machen, ob um die Ecke nicht noch etwas Besseres auf einen wartet, und deswegen Probleme damit zu haben, sich verbindlich einzulassen. Und doch wird uns die Wahl, die wir verbindlich treffen, am zufriedensten machen. Gerade die Verbindlichkeit trägt nämlich zu einer guten Wahl bei – im selben (wenn nicht gar

Alltagsweisheit
Manchmal versucht man, Fehler zu vermeiden, indem man keine Entscheidung trifft, aber auch das ist eine Wahl, die Folgen hat.

höheren) Maße wie das, was man wählt. Wenn wir immer nur das Maximum ausschöpfen wollen, sabotieren wir uns nur selbst.

Sollten Sie auf Partnersuche sein und den Druck verspüren, die richtige Person finden zu müssen, möchte ich Sie dazu ermutigen, sich erst einmal auf jemanden einzulassen, der in etwa infrage kommt. Stellen Sie sich Liebe eher als etwas vor, das Sie tun, und nicht als etwas, das Ihnen passiert. Und halten Sie nicht nur sich selbst für die Person, die die Wahl trifft, sondern lassen Sie es auch zu, dass jemand anderes Sie finden kann. Mit dieser Ungewissheit werden Sie sich anfreunden müssen. Strengen Sie sich weniger an, verabreden Sie sich, um Spaß zu haben, und gehen Sie eine Verabredung nicht wie ein Vorstellungsgespräch oder eine Aufgabe an, die es zu erledigen gilt. Bleiben Sie unvoreingenommen, seien Sie Sie selbst, und lassen Sie es sich in allererster Linie gut gehen.

Die Angst vor dem »Für immer«

Ein vierundzwanzig Jahre alter Buchhalter, der gerade ein Masterstudium absolvierte, während er nebenbei in Teilzeit bei einer Unternehmensberatung arbeitete, schrieb mir:

> Ich habe vor Kurzem eine Frau über eine Dating-App kennengelernt, nachdem ich seit Beginn der Pandemie ein Jahr lang Single war. Sie ist etwa in meinem Alter, und wir treffen uns seit zwei Monaten. Sie ist sehr attraktiv und nett, und ich verbringe sehr gern Zeit mit ihr – sie bringt mich zum Lachen.
>
> Etwas lässt bei mir allerdings die Alarmglocken läuten. Obwohl sie Mitte zwanzig ist, wohnt sie noch bei ihren Eltern und hat anscheinend auch nicht vor, auszuziehen. Dazu kommt, dass sie zwar in Teilzeit arbeitet, sich aber nicht an den Haushaltskosten beteiligt. Ich verstehe ja, dass die Mieten horrend hoch sind und viele deswegen länger bei ihren Eltern wohnen, aber sie macht nicht einmal Pläne, zu studieren oder irgendwie beruflich weiterzukommen. Das meiste Geld gibt sie für Urlaub und Hobbys aus oder dafür, mit Freunden auszugehen.
>
> Meine Freunde und meine Familie sind der Meinung, dass sie eine Schmarotzerin ist, die mich arm machen wird, sollten wir jemals zusammenziehen, weil sie nie wie eine Erwachsene gelebt hat, nie mit einem Budget auskommen oder über Rechnungen nachdenken musste, und dass ich sie deswegen nicht mehr treffen sollte. Ich verstehe, was sie meinen, aber ich bin echt gern mit ihr zusammen. Ich finde es schwer einzuschätzen, was ich tun soll. Was würden Sie mir raten?

Ich glaube, viele von uns können sich in seine Lage versetzen: Wir haben jemanden kennengelernt, mit dem wir gerade gern Zeit verbringen, sind uns aber nicht sicher, ob wir denn auch für immer mit diesem Menschen zusammenbleiben wollen. Die Gesellschaft bürdet uns einen ganzen Haufen an Zielen und Meilensteinen auf, die wir mit einem bestimmten Alter erreicht haben sollen. Für viele mag das die beste Lebensweise sein, aber es ist nicht der einzige gültige Ansatz, unser Dasein auf Erden zu gestalten. Wir dürfen das Hier und Jetzt genießen und müssen keine Prophezeiungen darüber anstellen, ob wir mit diesem oder jenem Menschen auch noch in der fernen Zukunft zusammen sein werden. Es ist ungerecht und doch so leicht, sich in Vorstellungen darüber zu verlieren, was wohl geschehen wird, was uns wohl wichtig sein wird, was die andere Person tun wird oder nicht.

Sollten Sie in einer Situation sein, in der Ihre Freunde und Familie Ihre Entscheidungen nicht verstehen, dann hören Sie sie an und nehmen Sie es ernst, wenn diese Ihnen nahestehenden Menschen Ihr Tun hinterfragen, denn Kompatibilität ist wichtig – aber es ist eben auch in Ordnung, wenn Sie den Augenblick genießen. Lassen Sie den Dingen Zeit, sich zu entwickeln, und finden Sie heraus, wohin die Reise geht.

Es ist wichtig, sich daran zu erinnern, dass ein Mensch nicht nur aus seinen Zukunftsaussichten oder seinem Äußeren besteht. Ein Mensch ist eine Seele. Hat jemand die Fähigkeiten, glücklich zu sein, sich für Verschiedenes zu interessieren, Freundschaften zu pflegen und eine Verbindung zu jemand anderem aufzubauen, hat das ebenfalls Anerkennung verdient. Viel stärker als unsere Qualifikationen macht uns das aus, was wir gern tun. Wie jemand ist oder welchen

Einfluss er auf unser Leben nehmen wird, können wir nicht sagen, wenn wir nur danach gehen, wie derjenige auf dem Papier aussieht. Ob wir jemanden mögen oder nicht, können uns hingegen die Gefühle sagen, die wir empfinden, wenn wir mit dieser Person zusammen sind. Ich möchte Sie also dazu ermutigen, darauf zu achten und zu hören, was im Hier und Jetzt passiert und Ihnen guttut, anstatt sich auf eine hypothetische Zukunft zu versteifen.

Tun wir das nicht und halten uns nur an das, was vermeintlich von uns erwartet wird, steuern wir womöglich auf Schwierigkeiten zu. Mich erinnert das an Jane Austens *Anne Elliot*. In dem Roman wird die Protagonistin Anne von einem klugen, vernünftigen Menschen, den sie respektiert, davon überzeugt, einen jungen Gentleman abzuweisen, dessen Zukunftsperspektiven ungewiss sind. (Austen selbst hatte einen Verehrer, dessen Vater ihn davon überzeugte, eine Frau zu wählen, die nicht so arm war wie sie. Vielleicht hatte das einen Einfluss auf den Roman.) *Anne Elliot* ist ein schönes abschreckendes Beispiel dafür, was passiert, wenn man einem Rat folgt, der zwar vernünftig klingt, aber dem Herzen widerspricht.

Obsession ist nicht Liebe

Ich beobachte oft, dass Menschen Obsession mit Verbundenheit verwechseln. Unter anderem werfe ich Hollywood vor, dass es Liebe in seinen Filmen immer wieder als etwas zelebriert, das einen ohne jedes Zutun überkommt. Sie passiert einem, gerade so, wie sie einem Säugling oder Kleinkind passiert. Ein kleines Kind tut nichts, seine Sehnsucht ist einfach da.

Die folgende E-Mail von einer Frau, der das »Knistern« in ihrer Beziehung fehlt, ist dafür ein gutes Beispiel.

> Mein Partner und ich sind beide 33. Wir haben uns vor ungefähr zwei Jahren kennengelernt. Er ist nett und attraktiv, und von Anfang an hat es sich mit ihm sicher, entspannt und angenehm angefühlt, aber es hat nicht sonderlich geknistert. Das ist nach wie vor so. Immerhin wird manches besser, je besser wir uns kennenlernen. Anders als einige meiner vorherigen Freunde ist er sensibel, intelligent, durchweg nett, aufmerksam und großzügig – Eigenschaften, die ich wirklich zu schätzen weiß, auch weil ich früher so viele schlechte Erfahrungen gemacht habe.
>
> Das Problem ist nur, dass ein Teil von mir unsicher ist, und ich weiß nicht, wieso. Ich glaube, ich wünsche mir jemanden, der mehr Gespräche anstößt oder abenteuerlustiger ist. Ich liebe ihn, und er bedeutet mir viel. Ich bin gern mit ihm zusammen und fühle mich auch von ihm geliebt; wir haben auch guten Sex. Eigentlich ist alles da, aber mir fehlt die Aufregung, die Spannung in der Beziehung. Meine vorherigen Beziehungen habe ich wahrscheinlich deshalb als leidenschaftlicher und aufregender

> empfunden, weil die Dynamik ungesund war, denn ich wusste nie, woran ich war.
>
> Jetzt weiß ich nicht, was ich tun soll, und das macht mir Sorgen. Es kommt mir vor, als würde ich es mir alle zwei Minuten anders überlegen. Er bedeutet mir viel, und ich will ihm nicht wehtun, darum möchte ich nicht mit ihm darüber reden. Er findet unsere Beziehung super so.

Wir sind schnell auf jemanden fixiert, wenn wir nicht wissen, woran wir bei dieser Person sind, und wenn der oder die Betreffende uns endlich etwas positive Aufmerksamkeit schenkt, sind wir gleich wie berauscht. Bekommen wir dagegen ständig positive Aufmerksamkeit von jemandem, halten wir das schnell für selbstverständlich. Wie ich schon weiter oben sagte, macht man in dem Fall nicht die Tiefen durch, die der Grund für solche Höhen sind. Stattdessen baut sich langsam, aber stetig ein Hoch auf, das von längerer Dauer sein wird.

Menschen, die nach von Adrenalin getriebener Liebe süchtig sind, erinnern mich oft an Menschen, die entschlossen sind, mit dem Rauchen oder Trinken aufzuhören. Ein Süchtiger hat meist zwei Anteile in sich: den vernünftigen Teil, der weiß, dass es schlecht für ihn ist, und den impulsiven, unbedachten Teil, der nach der Zigarette greift, dem Drink, der Droge oder, in unserem Fall, dem oder der Geliebten. Er weiß, dass es schlecht für ihn ist und seiner Gesundheit schadet, aber ohne

Alltagsweisheit
Manche Menschen verwechseln Liebe mit etwas, das einen überkommt, dabei ist sie viel mehr. Liebe äußert sich in dem, was wir tun. Liebe ist nicht passiv.

es überhaupt in Worte zu fassen, hat er schon die nächste Zigarette angezündet; es ging kein Entscheidungsprozess voraus, er hat es einfach gemacht. Ist man alkoholabhängig, denkt man daran, wie sich einst der erste oder zweite Drink angefühlt hat, und das nährt das Verlangen. Man blendet aus, wie man sich am nächsten Tag fühlt, man hadert nicht damit, dass man nicht mehr aufhören kann, wenn man einmal angefangen hat, man erinnert sich nur an das Gute und kehrt die nagende Traurigkeit und die Gefühlsschwankungen unter den Teppich. Denen, die süchtig nach von Adrenalin getriebener Liebe sind, sage ich häufig, dass ihr Typ nicht ihr Typ ist. Einen Partner zu wählen ist nicht das Gleiche, wie Gardinen auszusuchen. Neue Gardinen sind erst einmal toll, aber dann bleichen sie aus. Eine Beziehung hingegen wächst immer weiter und entwickelt sich. In einer gewachsenen, reifen Liebe geht es mehr darum, füreinander da zu sein und etwas füreinander zu tun, als in der berauschenden ersten Phase der Verliebtheit. Man unterstützt den anderen dabei, Erfüllung zu finden. So eine Liebe? Wow! Das ist etwas ganz anderes. Das ist nichts Passives, das ist Liebe als Verb, als Handlung, die Art von beständiger, verbindlicher, greifbarer Zugewandtheit und Liebe, die wir brauchen, und nicht die Liebe, die wir zu wollen glauben. Nicht die impulsive, obsessive, »Niemand war je so verliebt wie wir«-Verrücktheit, nicht das tosende Meer, sondern ein ruhiger See, dessen Wasser tiefer sind, als wir uns je hätten ausmalen können. Dann wird die uralte Narbe, die sich in der Kindheit gebildet hat, verheilen, ja mehr als das: Sie wird zu einer Erinnerung verblassen, und neue Erinnerungen, die aus aktiver Liebe entstehen, werden sie überlagern. *Handeln* Sie liebevoll, und Sie geraten nicht in die Sehnsuchtsfalle. Auf lange Sicht ist das viel besser, denn es führt zu etwas Dauerhafterem.

Aristophanes stellte sich in seinem Mythos vom Ursprung der Liebe vor, dass die Menschen von den Göttern in zwei Hälften zerschnitten worden seien und es somit für jeden irgendwo die perfekte andere Hälfte gebe – wir müssten sie lediglich finden. Er hat eine Menge zu verantworten, denn wir wurden niemals in zwei Hälften zerschnitten – und es gibt auch kein perfektes Gegenstück für uns. Drei Faktoren können uns jedoch weiterhelfen. Der erste lautet Verbindlichkeit: Ohne sie wird eine Beziehung es schwer haben, denn statt Probleme anzugehen, wird man eher vor ihnen davonlaufen. Als Zweites sollte man Verantwortung für seine eigenen Gefühle übernehmen und nicht denken, der Partner oder die Partnerin sei dafür verantwortlich. Als Drittes ist da die Zeit. In ihrem Brief schrieb die Frau: »Manches wird besser, je besser wir uns kennenlernen.« Genau darum geht es bei langfristiger Liebe, nicht um die aufregende Ungewissheit von »Er liebt mich, er liebt mich nicht«.

Eine Beziehung ist mehr als Sex

Kürzlich schrieb mir eine Frau über siebzig, die seit knapp zwei Jahren in einer Beziehung ist. Alles lief bisher gut, und sie kann sich eine längerfristige Beziehung mit ihrem neuen Partner vorstellen, wenn da nicht ein Haken wäre.

> Ich bin eine sexuell zutiefst aktive Person. Sex bereitet mir immens viel Freude. Nicht nur der tatsächliche körperliche Akt, sondern auch das Reden darüber, das Spiel damit, die ganze Offenheit und Offenherzigkeit. Mein Partner ist geschieden, und vermutlich hat er nicht viele sexuelle Erfahrungen gemacht. Er scheint mir da etwas verklemmt. Ich habe ihm immer offen gesagt, dass ich mir eine Beziehung wünsche, die auch in vollem Umfang sexuell ist, aber so weit ist es noch nicht gekommen.
>
> Er hat ernsthafte Herzprobleme und möchte deswegen zwar alles, was wir miteinander haben, nur keine richtige sexuelle Beziehung, obwohl seine Ärztin ihm grünes Licht gegeben und auch Viagra abgenickt hat. Es macht mir Sorgen, dass mein Partner auf meinen Wunsch und mein Bedürfnis so gleichgültig reagiert – in jeder anderen Hinsicht ist er der, auf den ich gewartet habe.
>
> Eigentlich muss ich nicht lange überlegen: Ich sollte ihn verlassen. Aber wir passen ansonsten so gut zusammen, auch intellektuell. Wir sind beide Anfang 70 – in diesem Alter ist es alles andere als einfach, einen Partner zu finden, der zu einem passt. Meine Trauer darüber, nie wieder Sex zu haben, wäre enorm, außerdem würde ich womöglich unterschwellig einen Groll hegen und allmählich meinen Respekt für ihn verlieren.

> Ich stelle mir vor, dass ich mir einen Teilzeit-Geliebten suche, mit dem ich diese Seite von mir ausleben kann, während ich alles andere bis an mein Lebensende mit meinem Partner teile. Würde er das mitmachen? Mag sein, aber ich bezweifle es.

Man könnte Liebesbeziehungen in Phasen einteilen, die ungefähr so aussehen:

1. Noch nicht sexuell aktiv, nicht zusammenlebend
2. Sexuell aktiv, nicht zusammenlebend
3. Sexuell aktiv, zusammenlebend
4. Nicht mehr sexuell aktiv, zusammenlebend

Natürlich hören manche Menschen nie auf, sexuell aktiv zu sein, aber an unserem Lebensabend sind wir das nicht mehr so häufig wie in jüngeren Jahren, und dieser Rückgang vollzieht sich manchmal allmählich, manchmal in größeren Schritten, wie zum Beispiel, wenn man ein Kind bekommt oder krank wird. Es kann unser Gefühl von Sicherheit ins Wanken bringen, wenn der Sex weniger wird, denn oftmals war es eine starke gegenseitige Anziehung, die überhaupt zu der Beziehung führte. Verwechseln Sie den Rückgang, der sich mit der Zeit ganz natürlich ergibt, jedoch nicht mit dem, der sich dadurch ergibt, dass nicht zu überbrückende Differenzen aufgekommen sind.

In einer sexuellen Beziehung geht es häufig auf die eine oder andere Weise um Status. Damit meine ich: Die Beziehung landet unter Umständen in einem destruktiven Kreislauf und dreht sich mehr darum, wer die Macht hat, als darum, sich gegenseitig zu unterstützen und Freude aneinander zu haben. Wenn wir nicht achtgeben, ist dann das, was einmal eine enge Beziehung war, nur noch ein »Wer ist der Bessere«. Solche Dynamiken werden nur selten angesprochen oder eingestanden, es sei denn, man ist psychologisch bewandert, und bei einer Paarbeziehung können sie sehr komplex ausfallen.

Oft gilt es dann zu klären, welche Grenzen die Beteiligten brauchen und wo Kompromisse eingegangen werden müssen. Ich bin der festen Meinung, dass jemand, der keinen Sex möchte, deswegen nicht unter Druck gesetzt werden sollte. Wir können jemanden, der keinen Sex haben will, nicht mit Argumenten überzeugen. Das mag für den Partner oder die Partnerin schmerzlich und frustrierend sein, aber jeder von uns ist selbst dafür verantwortlich, für seinen Körper zu sorgen und herauszufinden, was er braucht.

Alltagsweisheit

Nur weil ein Paar womöglich weniger Sex hat, wenn es sich auseinanderlebt, bedeutet das im Umkehrschluss nicht, dass ein Paar sich bei weniger Sex zwangsläufig auseinanderlebt. Wichtig ist, das Werben um Aufmerksamkeit wahrzunehmen, ob es nun sexueller Art ist oder nicht.

Manche von uns neigen zu der Annahme, Sex würde dem Partner das Gleiche bedeuten wie uns selbst. Das geschieht nicht bewusst, vielmehr erscheint es einem selbstverständlich, und oft bleibt es unausgesprochen. Aus diesem Grund kann es ein Schock sein, wenn wir feststellen, dass jemand eine gänzlich andere Haltung zu Intimität, Sex und Masturbation hat. Wir sollten immer daran denken, dass jeder von uns seine eigene Einstellung zu Sex entwickelt hat; diese mag schwer zu erklären oder überhaupt auszusprechen sein, denn nicht jeder ist es gewohnt, unbewusste Annahmen über Sex in Worte zu fassen (vielleicht nicht einmal sich selbst gegenüber). Ich glaube aber, dass es wichtig ist, wahrhaftig zu verstehen, was bei dem jeweils anderen Sache ist, und Verständnis für diesen Standpunkt zu haben. Hüten Sie sich davor, Probleme in richtig und falsch einzuteilen, und bleiben Sie offen für das Gespräch.

Unser Körper erreicht seine Höchstform nun mal in jungen Jahren, und so dürfen wir, wenn wir älter werden, durchaus traurig darüber sein, dass wir keine straffe Haut mehr haben, so wie wir auch traurig über die Tatsache sein dürfen, dass wir nicht mehr zweimal am Tag Sex haben. Unsere Fähigkeit, unseren Partner wie eh und je zu lieben und zu schätzen, ist deshalb jedoch nicht beeinträchtigt. Und hin und wieder werden wir mit diesem Körper mit all seinen Unebenheiten und Wehwehchen auch großartigen Sex erleben. Eine Partnerschaft oder Ehe wird nicht durch regelmäßigen fantastischen Sex aufrechterhalten, sondern dadurch, dass man auf das Werben des anderen um Aufmerksamkeit eingeht. Damit meine ich, dass man es wahrnimmt, wenn der andere etwas sagt (es muss nicht um Sex gehen, es könnte auch etwas so Banales wie eine Bemerkung über die Katze sein) oder eine Reaktion auf etwas zu erwarten scheint. Auf das Werben des anderen eingehen bedeutet nicht unbedingt, dass man tut, was der andere möchte, aber es bedeutet definitiv, dass man zuhört und zu erkennen gibt, dass man den anderen verstanden hat. Forschungen des Gottman Instituts haben ergeben, dass eine Ehe gut verläuft, wenn in sieben von zehn Fällen auf ein Werben um Aufmerksamkeit eingegangen wird. Sind es weniger als drei, ist die Ehe wahrscheinlich in Schwierigkeiten.

Ein weiteres Indiz für eine gute Partnerschaft sind liebevolle Berührungen – was nicht unbedingt sexuelle Berührungen sein müssen. Sich miteinander wohlzufühlen bedeutet, Gedanken und Gefühle teilen zu können. Auch tut es einer dauerhaften Bindung, in der man sich gegenseitig unterstützt, gut, wenn man nicht zu oft in Konkurrenz zueinander geht und sich nicht ständig um die moralische Überlegenheit kabbelt. Ein Paar teilt im Lauf der Zeit so vieles, etwa Erinnerungen oder das gemeinsame Aufziehen der Kinder, dass sie ihre Liebe weniger durch Sex unter Beweis stellen müssen. Andere Aspekte, wie die Freude an der Gesellschaft des anderen, halten die Beziehung zusammen und können Sex nach und nach als Bindemittel ersetzen. Letztlich brauchen die meisten Menschen einen Weggefährten wahrscheinlich mehr als Sex, und wenn dieser Gefährte zu einem passt, sollte man ihn wie einen Schatz hegen und pflegen.

Die Frau aus unserem Beispiel kam zu dem Schluss, dass ihr Sex zu wichtig war, um darauf zu verzichten. In einem zweiten Brief berichtete sie mir, sie habe ihren Partner verlassen, weil er sie nicht mit einem Liebhaber teilen wollte. Sie bricht also zu neuen Ufern auf. Es wird sich zeigen, ob das die richtige Entscheidung für sie war. Ich habe auch nicht immer recht.

Sich auf etwas einlassen

Ich hatte einmal einen Klienten, der mir immer wieder von Vorfällen berichtete, bei denen er recht hatte und die andere Person falschlag. Zunächst fühlte ich mit ihm, aber nachdem ich mir viele ähnlich lautende Geschichten angehört hatte, wurde mir klar, dass etwas nicht stimmte.

Er hatte mir kaum etwas über seine Vergangenheit und seine Kindheit erzählen wollen und war überzeugt davon, dass seine Probleme in der Gegenwart zu verorten seien, genauer gesagt »bei den anderen«. Ich sagte ihm, ich würde mir Sorgen machen, bald selbst zu diesen »anderen« zu gehören, und so kam es dann auch. Einmal irrte ich mich in der Uhrzeit für unsere Sitzung, was ein Fehler von mir, nachlässig und bedauerlich war, aber mein Klient wollte deswegen ein Ungeheuer aus mir machen. Vier Sitzungen lang hielt er mir vor, wie schlecht ich sei, was ich sehr zermürbend fand. Als ihm irgendwann die Puste ausging, wandte er sich wieder den anderen Menschen in seinem Leben zu, die falschlagen, sodass ich ihn dazu ermunterte, mir von dem ersten Menschen zu erzählen, der ihn falsch behandelt hatte.

Da begann er tatsächlich über seine Mutter zu sprechen, die ihm nicht geglaubt hatte, als er ihr sagte, dass er sexuell missbraucht worden sei. Anstatt ihn zu beschützen, hatte sie ihn immer wieder der Gefahr ausgeliefert, bis er schließlich alt genug gewesen war, um sich selbst aus der Lage zu befreien. Das also war die große Ungerechtigkeit in seinem Leben, und sich ihr zu stellen, war sehr schmerzhaft für meinen Klienten. Er hatte genauso viel Angst, war genauso wütend und fühlte sich genauso hilflos und verletzt wie zu der Zeit, als der Missbrauch stattfand. Kein Wunder, dass er sich so dagegen gesträubt hatte, sich zu erinnern, aber als er es dann tat – als er den Missbrauch, den er durchlitten hatte, verarbeitete und begriff, dass er inzwischen erwachsen war und selbst die Kontrolle über sein Leben hatte –, wurde sein Bedürfnis, andere für alles verantwortlich zu machen, allmählich schwächer. Seine Beziehungen verbesserten sich, er hatte weniger Konflikte und ein angenehmeres Arbeitsleben. Mir wurde sogar zugestanden, hin und wieder etwas falsch zu machen, ohne dass er mich gleich verteufelte.

Mein Klient tat, wozu wir alle in der Lage sind: mit einer Dynamik aus der Vergangenheit in der Gegenwart leben. Als er lernte, diese Dynamik abzuschütteln, konnte er den Einfluss und die Wirkungen anderer auf ihn zulassen. Es gelang ihm, den Stolz, sich immer im Recht zu fühlen, abzulegen, und er lernte zu vertrauen und sich einzulassen. Natürlich behielt er sein Urteilsvermögen und ließ sich nicht einfach auf alle und jeden ein, aber eben auf genug Menschen, um Liebe in sein Leben zu lassen.

Für alle, die uns kennen und lieben, sind wir etwas Besonderes, aber das macht uns nicht besonderer als alle anderen. Am Anfang unserer Sitzungen war mein Klient noch der unerschütterlichen Überzeugung, er sei anders als die anderen und somit immer im Recht. Diese nicht erstrebenswerte Eigenschaft von Menschen ist nicht erst seit heute bekannt. Früher sprach man von der Sünde des Stolzes, und über sie wird an der Universität von Oxford seit 1684 alljährlich eine Predigt gehalten, seitdem ein Alumnus seinen Nachlass dafür einsetzte. Ich erzähle Ihnen also nichts Neues.

Als ich im Jahr 2022 gebeten wurde, diese Predigt zu halten, sagte ich zu, allerdings nicht, weil ein Wissen in mir loderte, das ich unbedingt weitergeben wollte, und auch nicht, weil ich so nett sein wollte einzuspringen, nein, es ging mir um Vergeltung. Den größten Teil meines Lebens habe ich als undiagnostizierte Legasthenikerin verbracht, und meine Form der Legasthenie entsteht durch eine sogenannte auditive Verarbeitungs- und Wahrnehmungsstörung. Das bedeutet, dass ich zwar alles genau höre, das Gehörte aber erst mit leichter Verzögerung einordnen kann. Bevor all diese ausgefallenen Diagnosen in Mode kamen, wurde ich schlicht als »nicht sehr helle« eingestuft. Ich war eine langsame Leserin, brachte Wörter durcheinander und konnte nicht buchstabieren. Ganz bestimmt hatte ich nicht das Zeug, um eines Tages eine Universität zu besuchen, und schon gar nicht Oxford. Meine Eltern hielten es aber für eine gute Idee, mich mit jemandem zu verkuppeln, der das Zeug dazu hatte, also schickten sie mich auf das Oxford and County Secretarial College an der St Giles'. Eine Legasthenikerin auf eine Schule für Stenografie und Schreibmaschinenschreiben zu schicken, bevor die automatische Rechtschreibprüfung erfunden wurde, gehört in die Kategorie »nicht sehr helle«, und ich fiel durch.

Trotz der Defizite in meiner Ausbildung habe ich stets Arbeit gefunden, bin Psychotherapeutin geworden, habe wissenschaftliche Abhandlungen und Bücher verfasst, Dokumentarfilme, Podcasts und Radiosendungen präsentiert und moderiert, und ich bestreite eine wöchentliche Kolumne in einer landesweiten Zeitung. Ich verdiene mein Geld mit den Wörtern, die einst meine Folter waren. All diesen Erfolgen zum Trotz ist mein Stolz aber noch immer angeknackst, weil mir so früh dieser »Nicht sehr helle«-Stempel verpasst wurde. Als man mich also bat, die Predigt zu halten, wollte ich meinen inzwischen verstorbenen Grundschullehrerinnen zeigen, dass ich wohl doch ein klitzekleines bisschen helle sein muss, wenn man mir die Ehre erwies, einen Vortrag *an der Uni von Oxford* halten zu dürfen. Die Ironie, dass es um die Sünde des Stolzes gehen sollte, blieb mir nicht verborgen.

Meine Interpretation der Sünde des Stolzes ging dahin, dass sie viele Parallelen zu dem aufweist, was wir heute in der Regel als Narzissmus bezeichnen. Niemand kommt narzisstisch oder hochmütig auf die Welt; unsere Erziehung lehrt uns diese Künste. In den meisten Fällen resultiert es daraus, dass wir in unserer Kindheit erleben, wie wir oder unsere Familie als überlegen behandelt werden oder alternativ so, als wären wir ein Nichts, was wir daraufhin zu kompensieren suchen. Ein Narzisst sieht sich als »den Besten« oder »den Größten« und will, dass man ihn wie etwas Besonderes behandelt. Ein Symptom von Narzissmus ist es, übermäßig in sein Selbstbild zu investieren. In unserer Gesellschaft ist Narzissmus zur Norm geworden. Die Vermehrung materieller Dinge ist zum Maßstab von Fortschritt geworden; Reichtum hat einen höheren Stellenwert als Weisheit erlangt; berühmt-berüchtigt zu sein wird mehr bewundert als ein würdevolles Auftreten. Unsere Politiker, unsere Institutionen und unsere Kultur sind in Narzissmus getränkt – unsere Gesellschaft schätzt das Image mehr als das, was dahintersteckt.

Nicht jede Form von Stolz ist narzisstisch begründet: Wir können stolz auf unsere Kinder sein, auf unsere Freundinnen oder unsere Leistungen. Wir sollten uns aber nicht angewöhnen zu glauben, die eigenen Leute oder die eigenen Leistungen seien denen anderer überlegen. In diesem Moment wird Stolz ungesund und geht auf Kosten anderer.

Sich bewusst auf etwas einzulassen, kann ein Gegenmittel für hochmütige oder narzisstische Tendenzen sein. R. D. Laing prägte den Begriff »Diaphobie«, um die Angst vor einem echten Dialog zu beschreiben, sprich, die Angst, jemand anderes könnte einen beeinflussen oder etwas in einem auslösen. Sich auf etwas einzulassen bedeutet, sich von dieser Angst zu verabschieden. Beispielsweise lässt man sich auf eine Unterhaltung ein, wenn man die Kontrolle abgibt und nicht mehr versucht, sein Gegenüber zu manipulieren, sondern sich für seine Einflüsse zu öffnen. Sich auf etwas einlassen bedeutet auch, dem anderen etwas von sich selbst zu offenbaren, ohne zu wissen, wie es ankommen wird. Es bedeutet, aus der Deckung hervorzukommen und sich verletzbar zu machen. Sich auf die Unausweichlichkeit einzulassen, dass andere einen nicht so sehen, wie man selbst gesehen werden möchte. Es bedeutet, nicht von ihnen zu verlangen, einen auf eine bestimmte Weise zu betrachten, und sich nicht schon darauf zu konzentrieren, was man als Nächstes sagen will, während der andere noch spricht. Vielmehr öffnet man sich dafür, dass die Worte des Gegenübers auf einen wirken und einen verändern können. Lässt man sich auf eine Unterhaltung ein, weiß man nicht, wo sie hinführt, denn man ist offen für jedes Ergebnis. Darüber hinaus gesteht und traut man den anderen zu, sie selbst zu sein.

Sich auf einen anderen Menschen einzulassen, ist ein Risiko und ein Akt der Liebe. Es bedeutet, sein Ego und sein Kontrollverhalten aufzugeben und darauf zu vertrauen, dass kommt, was kommt. Wenn wir uns auf einen Gruppenprozess einlassen, kann uns das Auftrieb geben, denn wir erleben, wie wir Teil von etwas sind, das größer ist als wir selbst. Lassen wir uns auf andere ein, eröffnen wir uns selbst die Gelegenheit, größer zu werden, als wir es als Individuum sind. Hier geht es nicht darum, von jemandem erobert oder besiegt zu werden, der stärker ist, sondern darum, weicher zu werden, um in Beziehung zu anderen wachsen zu können. Natürlich geht man dabei ein Risiko ein. Wenn Sie sich auf einen Hai einlassen, verspeist er Sie zum Abendessen. Wenn wir aber nicht riskieren, uns einzulassen, laufen wir wiederum Gefahr, unverbunden zu bleiben, sodass wir nicht an der Welt um uns herum teilhaben können.

Definieren wir jemand anderen als narzisstisch oder als dieses oder jenes, nehmen wir letztlich eine ihm überlegene Position ein. Was also tun? Anstatt unser Gegenüber zu definieren, sollten wir uns selbst definieren. Anstatt zu behaupten: »Er tyrannisiert alle«, könnten wir es persönlicher und konkreter formulieren: »Ich fühle mich von ihm eingeschüchtert.« Das heißt nichts anderes, als dass man sein Urteil beiseitelässt. Anstatt also zu sagen: »Oh, das war großartig« – was uns erneut in eine überlegene wertende Position erhebt –, können wir unser eigenes Erlebnis beschreiben: »Das hat mich begeistert«, »Das hat mir gefallen« oder »Dabei habe ich mich nicht wohlgefühlt«. Statt also etwas als gut oder schlecht zu bewerten und somit unser subjektives Empfinden wie ein objektives Urteil klingen zu lassen, glaube ich, dass es ausreicht, wenn wir unsere persönliche Reaktion beschreiben. Darin liegt der Unterschied. Vielleicht gelingt uns das nicht immer, aber das heißt nicht, dass wir es nicht anstreben können.

Alltagsweisheit
Selbst wenn wir längst keinen Kontakt mehr zu dem Menschen haben, der uns einst verletzt hat, wird sich unsere Psyche, die es gewohnt ist, einen Feind zu haben, stets einen neuen Feind suchen. Dieses Hindernis gilt es zu überwinden, wenn wir starke Verbindungen zu anderen aufbauen wollen.

Ich bin zudem auf der Hut vor jener Art Stolz, die aus seinem Gegenteil erwächst: Scham. In dem Fall rührt der Stolz aus einer früheren Verletzung, so wie ich stolz darauf bin, dass ich Bücher schreibe und eine Kolumne habe, weil ich einst bei der Prüfung im Schreibmaschineschreiben durchgefallen bin. Eine Spur von Rache, ja Wut schwingt mit. Es ist, als wollte ich, dass meine inzwischen verstorbenen Lehrerinnen die gleiche Scham verspüren, die mir damals aufgedrückt wurde. Das ist alles andere als demütig. Wir versuchen reflexartig, jedes Gefühl von Scham zu minimieren, so als wäre die Scham unser Untergang. Würden wir aber nicht bloß dem Reflex folgen, sondern über eine Situation und unsere Rolle darin ehrlich reflektieren, würden wir feststellen, dass Scham uns nicht umbringt. Der Schwenk von der Scham zum Hochmut entspricht dem vom einst malträtierten Kind zum Narzissten. Jemand, der sich vom Stolz verabschiedet und der Demut zuwendet, ähnelt durchaus jemandem, der die Kontrolle abgibt und sein Urteil beiseiteschiebt und sich stattdessen etwas mehr einlässt.

Ein starkes Selbstgefühl bewahren

Auch wenn es ein grundlegendes menschliches Bedürfnis ist, sich mit anderen zu verbinden, ist es ebenso wichtig, eigene Interessen zu haben, sodass unser Gefühl für uns selbst aus dem entstehen kann, was wir gern tun, und nicht nur daraus, wer wir für andere sind. Das lässt sich besonders gut bei Eltern beobachten. Ein Elternteil zu sein – oder ein Bruder, eine Schwester, eine Geliebte oder ein Freund –, bedeutet nicht, nur ein Typ Mensch zu sein. Niemand von uns ist in Stein gemeißelt – wir können uns ändern und uns anpassen.

In einer gesunden Beziehung zwischen zwei Erwachsenen unterstützen sich die Beteiligten gegenseitig dabei, auch außerhalb der Beziehung Erfüllung zu finden. Gehen Fürsorge und Unterstützung aber nur in eine Richtung, sieht das Ganze nicht wie eine Beziehung auf Augenhöhe aus, sondern so, als wäre einer der beiden ein Märtyrer. An dieser Stelle rate ich Ihnen dringend: Spielen Sie nicht den Märtyrer. Sie dürfen hoch hinauswollen und nach dem streben, was Sie erfüllt – und Sie können das sogar tun *und* dabei eine glückliche Partnerschaft führen.

Mir schrieb eine Frau, die ihren Mann in jungen Jahren nach einem stürmischen Sommer Hals über Kopf geheiratet hatte. Sie war gerade siebzehn geworden, er war einundzwanzig gewesen. Es fühlte sich wie die größte Liebesgeschichte ihres Lebens an, und ihr Mann eröffnete ihr eine Welt der Freiheiten, in der sie sich selbst entdecken konnte – auf Partys, unterwegs, und immer unter wunderbaren, interessanten Menschen.

> Etwas mehr als zwanzig Jahre und zwei Kinder später sitze ich hier, blicke auf mein Leben und sehne mich zurück nach diesem verliebten Sommer. Danach, in diese glücklichere Zeit zurückzukehren. Stattdessen sitze ich hier voller Bedauern und spüre, wie der Groll in mir brodelt.
>
> Wir leben abgeschottet, haben keine Freunde. Sich mit anderen zu treffen, ist teuer, und weil wir in den letzten 15 Jahren nur mein Gehalt als Einkommen hatten, ist das eines der Opfer, die wir bringen mussten. Die Arbeit war immer mein Ausweg, meine Chance, mit anderen zusammenzukommen, aber seit der Pandemie arbeite ich von zu Hause aus, und das ist auch jetzt noch so.
>
> In dieser Zeit habe ich festgestellt, dass ich meinen Mann nicht ausstehen kann. Ich liebe ihn noch, und er bedeutet mir viel, aber ich ertrage es nicht, in seiner Nähe zu sein. Ich bin ehrgeizig und will die Freiheit haben, etwas zu unternehmen. Er aber will mich ans Haus binden, damit ich ihn bedienen kann.
>
> Wir haben sehr unterschiedliche Vorstellungen davon, wie unsere Partnerschaft aussehen soll, und egal, wie viel wir darüber reden, wie oft ich ihm erkläre, wie ich mich fühle, wie sehr ich mich in seine Gefühle hineinversetze, nichts scheint etwas zu ändern.
>
> Ich fürchte, wir passen nicht mehr zusammen. Ich will ihn nicht verlieren, aber wie lange kann ich noch so unglücklich vor mich hin leben? Mein gesamtes Erwachsenenleben habe ich ihm gewidmet – seinen Bedürfnissen, seinem Glück. Wann bin ich endlich dran, glücklich zu sein?

Vor allem dann, wenn zu Beginn einer Beziehung einer von beiden die Rolle des Älteren und Erfahreneren einnimmt, passiert es oft, dass die andere Person sich in jede Form presst, um dem Partner zu gefallen, und dabei sich selbst und ihre eigenen Wünsche und Bedürfnisse preisgibt. Ich kann das verstehen – Bindungen sind kostbar. Ein Gefühl von Verbundenheit ist unbezahlbar. Es kann jedoch zu Einsamkeit und Depressionen führen, wenn wir uns selbst verlieren, um dem zu entsprechen, was andere in uns sehen möchten. Im Zusammensein mit anderen sollten wir die meiste Zeit über unser authentisches Ich ausleben und nicht die Person darstellen, die wir glauben, sein zu müssen, andernfalls laufen wir Gefahr, uns isoliert, abgekoppelt und nicht unterstützt zu fühlen. Wenn wir lernen, mehr zu reflektieren, können wir die Schuldgefühle loslassen. Und wenn wir uns unserer selbst bewusster werden, lernen wir, unsere eigenen Bedürfnisse zu erkennen.

Generell ermutige ich jeden, sich Gedanken über eine einzelne Beziehung hinaus zu machen, auch über Freundschaften, die Arbeit und andere Interessen nachzudenken und sich zu fragen, ob einem jemals zugestanden wurde, zu wissen, was man will. Wir reden häufig davon, den passenden Partner oder »den Richtigen« zu finden – um diese Vorstellung von Partnerschaft herum ist unsere Gesellschaft organisiert –, aber ich frage mich oft, ob es nicht viel leichter ist, in Gruppen glücklich zu werden. Eine einzelne Person kann nur unter großer Anstrengung all unsere Bedürfnisse so erfüllen, wie vielfache Verbindungen es können, und steckt man seine gesamte Energie in eine einzige Beziehung, wird man womöglich zu abhängig von dieser einen Person.

Sich an andere anzupassen, ist eine Fertigkeit. Manch einer muss es lernen und sich anstrengen, andere müssen ihre Bereitschaft dazu herunterfahren. Wenn man sich vollständig an jemand anderen anpasst und sich mehr darum bemüht, die Gefühle des anderen herauszufinden, als den eigenen die nötige Aufmerksamkeit zu schenken, bleibt nichts von einem übrig, womit der andere eine Beziehung führen kann. Dann wird es sogar schwierig, noch eine Beziehung mit sich selbst zu führen. Den anderen Grenzen zu setzen, ist das A und O, wenn man eine starke Beziehung zu sich selbst haben möchte. Wenn die anderen deutlich spüren, wo Ihre Grenzen liegen, und sich Mühe geben, sie nicht zu übertreten, dann wird es kaum nötig sein, explizit zu sagen, was Sie tolerieren und was nicht. Wir vereinbaren normalerweise keine Geschäftsbedingungen in einer Beziehung – ob nun in einer Liebesbeziehung oder in einer anderen. Für gewöhnlich merken wir instinktiv, wie wir dem anderen nicht auf die Füße treten, aber manchmal müssen die Grenzen eben doch klar formuliert werden.

Sie müssen entscheiden, wo Sie die Grenze ziehen, und es klar und deutlich sagen. Wann immer Sie jemandem eine Grenze aufzeigen, sollten Sie wissen, wo genau sie liegt. Sie müssen dabei nicht hart vorgehen, Sie können die Grenze freundlich ziehen und erklären, weshalb Sie sie brauchen, aber Sie sollten stets entschlossen genug sein, sie auch aufrechtzuerhalten. Es mag schwierig sein, diese Linie zu ziehen, erst recht, wenn Sie noch nicht viel Übung darin haben, denn wir alle sind vielfach konditioniert worden und müssen das erst einmal überwinden. Viele von uns durften als Kind nie etwas anderes als höflich sein. Das ist schön, solange alle einander mit Respekt behandeln, andernfalls aber haben diejenigen, die respektlos mit anderen umgehen, einen ungerechten Vorteil. Der Mensch, dem Sie wirklich freundlich begegnen sollten, sind Sie selbst, nicht jemand, der allem Anschein nach erpicht darauf ist, Ihre Wünsche zu übergehen. Eine Leserin meiner Kolumne schrieb einmal in einem

Kommentar, wenn man sich zwischen schlechtem Gewissen und Groll entscheiden müsse, solle man das schlechte Gewissen wählen. Weise Worte. Und genau das rate auch ich Ihnen dringend: Wählen Sie das schlechte Gewissen.

Wenn wir uns in jemanden verlieben, schenken wir diesem Menschen unser Vertrauen und geben ihm bis zu einem bestimmten Grad Macht über uns. Das ist ganz normal, es sollte nur beiderseitig und im selben Maße passieren und sich insgesamt ganz wunderbar anfühlen. Bleibt diese Preisgabe allerdings einseitig, setzt es uns der Gefahr von Zwangskontrolle aus. Frauenhilfsorganisationen beschreiben Zwangskontrolle als eine Handlung oder ein Handlungsmuster aus Beschimpfungen, Drohungen, Demütigungen und Einschüchterung oder anderen Übergriffen, die dazu dienen, das Opfer zu verletzen, zu bestrafen oder ihm Angst zu machen. Diese Anzeichen von Misshandlung sollten wir eigentlich erkennen können, doch oft findet Missbrauch als Beziehungsdynamik statt und folgt keiner Liste möglicher Verhaltensweisen. Zwangskontrolle ist ein Muster von Verletzungen, die jemandem mit der Absicht zugefügt werden, sein Verhalten zu kontrollieren, und kann sehr unterschiedliche Formen annehmen, etwa dass man ein bestimmtes Kleidungsstück nicht mehr trägt aus Angst, dass der Partner wieder ausflippt. Im Übrigen ist es wichtig zu wissen, dass derartige Kontrollbeziehungen sich nicht nur auf Paare beschränken, sondern auch in Familien und unter Freunden vorkommen.

Wenn wir unter der Kontrolle eines anderen stehen, schädigt das unser emotionales Wohlbefinden, und wir geraten in eine Falle. Der Mensch, den wir am häufigsten sehen, wird eine Art menschlicher Spiegel für uns, doch das Spiegelbild ist verzerrt und untergräbt unser Selbstvertrauen und unser Wohlbefinden dadurch noch mehr. Sich aus dieser Lage zu befreien, ist schwer, und je länger sie andauert, umso schwieriger wird es. Zwangskontrolle ist gefährlich, und wenn Ihnen hiervon etwas bekannt vorkommt, dann suchen Sie sich Hilfe. Mein Vorschlag lautet, einen Plan aufzustellen und ihn Schritt für Schritt durchzuführen. Erzählen Sie der anderen Person nicht, was Sie tun, ehe Sie in Sicherheit sind.

Denken Sie daran, dass Sie nicht geboren wurden, nur um anderen zu dienen und es ihnen recht zu machen. Sie können ein eigenständiger Mensch sein und es auch sich selbst recht machen. Wenn Sie Grenzen setzen, mehr von Ihren Bedürfnissen erfüllt bekommen und nach Ihren Zielen streben, wenn Sie sich selbst kennenlernen und lernen, sich zu respektieren und zu lieben, dann dürften die Leute darauf reagieren, ihr Verhalten anpassen und ebenfalls lernen, Sie zu respektieren und zu lieben. Falls Sie sich selbst die Erlaubnis geben, das Leben zu führen, das Sie sich wünschen, ohne den Segen von irgendjemand anderem dafür zu brauchen, und es dann auch umsetzen, werden Sie sehr wahrscheinlich auch in Ihren Beziehungen zufriedener sein und größere Nähe erfahren. Womöglich stellen Sie fest, dass Ihre Beziehungen dadurch stärker und authentischer werden.

Alltagsweisheit
Müssen Sie sich zwischen schlechtem Gewissen und Groll entscheiden, wählen Sie das schlechte Gewissen. Sie werden feststellen, dass Ihre Welt deswegen nicht zusammenbricht.

Kommen wir zu der Frau aus unserem Beispiel zurück. Sie kann sich auch ohne den Segen ihres Mannes die Freiheit nehmen, das Leben zu führen, das sie sich wünscht. Sehr wahrscheinlich wird sie sich dadurch sogar weniger über ihn ärgern als im Moment, und unter Umständen nähert sie sich ihm auch wieder an. Womöglich stellt auch er fest, dass seine Welt nicht zusammenbricht, wenn ihre Bedürfnisse besser befriedigt werden. Verbundenheit ist wichtig, und wir sollten uns mit mehr als einer Person verbunden fühlen. Ich glaube, dass wir andere Menschen und die weitere Welt brauchen.

Falls uns jemand in unserem Leben dazu nötigt, gar nichts zu verändern, oder uns zwingt, ein Leben zu führen, das wir nicht möchten, dann sollten wir daraus ausbrechen. Warten wir aber lediglich darauf, dass alle mit uns einer Meinung sind, dann sollten wir das tun, was wir tun möchten. Die anderen haben selbst die Wahl, ob sie bei uns bleiben wollen oder nicht. Ich werde keine Tipps geben, wie man jemanden dazu bringt, seine Meinung zu ändern, denn darum geht es nicht – es geht darum, das zu tun, was wir tun sollten, um unser Leben in vollen Zügen zu genießen, statt in unserem Groll zu schmoren. Die Zeit, um glücklich zu sein, ist jetzt.

Den einen richtigen Weg, Beziehungen zu führen, gibt es nicht, das möchte ich klarstellen. Es gibt stattdessen genauso viele Arten, starke und tiefe Verbindungen aufzubauen, wie es Kombinationen von Menschen auf der Welt gibt. Ich hoffe aber, dass die Beispiele in diesem Kapitel Ihnen neue Erkenntnisse darüber gebracht haben, wie man Beziehungen aufbaut, wie Ihre bestehenden Beziehungen bereits funktionieren und vielleicht auch, unter welchen Umständen Sie sich dazu entschließen könnten, die eine oder andere Veränderung vorzunehmen.

Wenn jemand ein persönliches Problem hat, das auf den

ersten Blick scheinbar nichts mit seinen Verbindungen zu anderen zu tun hat, schauen Sie ein bisschen genauer hin, und Sie werden feststellen, dass das Problem in der Regel ein Beziehungsproblem ist. Das gilt auch für Ängste, Depressionen und Paranoia, denn wir entwickeln uns in Beziehung zu anderen. Funktioniert etwas gut in unseren Beziehungen, dann funktioniert es auch besser in unserem Leben.

Wir glauben oft allzu schnell, die anderen wären das Problem, wenn wir unsere Beziehungen aushandeln, doch meistens ist es eine Kombination aus den anderen und uns selbst, und das bedeutet, dass unsere Verbindungen nicht so stark sind wie vielleicht erhofft. Konflikte in Beziehungen sind nie leicht zu bewältigen, aber sie gehören dazu, und genau darum soll es im nächsten Kapitel gehen.

2. WIE WIR STREITEN

Konflikte in Privatleben und Beruf bewältigen

Wir können noch so viel daran arbeiten, unsere Beziehungen zu anderen und zu uns selbst zu verbessern: Es gibt keine Beziehung ohne Herausforderungen und Auseinandersetzungen. Auch wenn wir lernen, mit diesen kniffligen Momenten umzugehen, bedeutet das nicht, dass wir und die Menschen um uns herum auf einmal keine Meinungsverschiedenheiten mehr hätten. Tatsächlich tauchen in jeder Beziehung Konflikte auf, da jeder Mensch die Dinge anders erlebt. Ganz egal, wie ähnlich zwei Menschen einander sind, jeder von ihnen hat eine einzigartige Geschichte und seine ganz eigene Art, die Dinge anzugehen. Jeder erlebt ein und dieselbe Situation auf individuelle Weise, und nur weil sich die Erlebnisse unterscheiden, ist ein Standpunkt deswegen noch lange nicht gerechtfertigter als der andere.

Es gibt jedoch Wege, mit derartigen Konfliktsituationen in Partnerschaft, Freundschaft, Familie und unter Kollegen umzugehen, sodass sie uns nicht so sehr zu schaffen machen. Haben wir einmal verstanden, wie wir streiten oder uns übermäßig anpassen, und sind wir uns deutlicher bewusst, weshalb eine bestimmte Konfliktsituation so emotional aufgeladen ist, können wir auch daran arbeiten, mitfühlender und offener zu werden, und so letztlich zu dauerhafteren Lösungen gelangen.

Unterschiedliche Menschen streiten sich auf unterschiedliche Weise und über unterschiedliche Themen, aber es lassen sich meiner Meinung nach ein paar allgemeine

Muster erkennen. Halten Sie in diesem Kapitel die Augen dafür auf, welche Konflikttypen Ihnen am bekanntesten vorkommen. Landen Sie immer wieder in einer Sackgasse, weil Sie denken, einer läge richtig und der andere somit falsch? Gehen Sie Konflikten aus dem Weg und neigen dazu nachzugeben, selbst wenn Ihnen Ihr Standpunkt viel bedeutet? Greifen Sie immer wieder auf Fakten und Logik zurück, statt auch einmal auf Gefühle zu hören? Natürlich gibt es auch Überschneidungen zwischen den verschiedenen Konflikttypen – und normalerweise wird ein einzelner Streit eine Kombination aus diesen Formen sein –, doch ich hoffe, dass es Ihnen zu besserer Selbstwahrnehmung verhilft, wenn wir sie voneinander getrennt betrachten.

Konflikt Nr. 1: Denken, Fühlen, Handeln

Vielleicht versteht man besser, wie das Gegenüber etwas erlebt, wenn man weiß, dass jeder von uns eine dominante – oder bevorzugte – Bewältigungsstrategie hat. Diese Strategien lassen sich in der Regel in Denken, Fühlen und Handeln einteilen. Manch einer wird mit dem Kopf an ein Problem herangehen. Andere müssen zuerst ihre Gefühle erkunden. Wieder andere schalten direkt in den Aktionsmodus. Ich stelle mir diese drei Strategien wie Türen vor, und wir müssen herausfinden, welche von ihnen geöffnet ist, welche geschlossen und welche abgesperrt.

Falls zwei Menschen nicht die gleiche dominante Bewältigungsstrategie haben, fällt es ihnen womöglich schwer, Probleme gemeinsam zu meistern, ohne sich zu streiten oder unterschiedlicher Meinung zu sein. Folgende Zuschrift erhielt ich von einer Frau, nachdem ihr Mann einen Schlaganfall erlitten hatte.

> Mein Mann ist Anfang 60 und Wissenschaftler, und er ist es gewohnt, alles mit dem Kopf zu lösen, aber er musste schwer daran arbeiten, wieder laufen zu können. Er hat es von einem Rollstuhl im Krankenhaus über einen Rollator zu Hause bis zu einem Gehstock geschafft. Aber seine langsamen Fortschritte frustrieren ihn, weil er sich durch Kopfarbeit da rausbugsieren will, dabei kann er nur durch seine Übungen wieder gesund werden.
>
> Ich habe das Gefühl, ich liege ihm nur noch mit seinen Übungen in den Ohren, und komme mir eher wie seine Mutter vor und nicht wie seine Frau. Manchmal ertappe ich mich dabei, wie ich wütend werde und gereizt bin,

> weil er so gar nichts aus seinem Gefühlsleben mit mir teilt (darin war er noch nie gut, ich weiß also nicht, warum ich das jetzt erwarte), und ich fühle mich ihm sehr fern.
>
> Ich habe versucht, mit ihm über seine Gefühle zu reden, aber er will nicht. Dann habe ich ein schlechtes Gewissen, weil ich so negative Gefühle seinetwegen habe, denn schließlich ist er derjenige, der leidet. Es war und ist für uns beide anstrengend. Es sieht so aus, als würde er sich vollständig erholen, aber es braucht Zeit.

Wenn ich ihren Brief so lese, glaube ich, dass der Ehemann die Tür zum Denken geöffnet, die Tür zum Handeln geschlossen und die zu seinen Gefühlen abgesperrt hat. Die Verfasserin hingegen klingt, als wären ihre Türen zum Fühlen und Handeln geöffnet, die Tür zum Denken jedoch eher geschlossen. Der Konflikt zwischen ihr und ihrem Mann – der Unmut und die Wut, die sie beschreibt – entsteht genau daraus, dass bei ihnen unterschiedliche Türen geöffnet sind. In anderen Worten: Sie haben unterschiedliche Bewältigungsstrategien.

Befinden wir uns in einer schwierigen Situation, möchten wir, dass die, die wir lieben, uns ähnlicher sind. Dass sie so ähnlich reagieren wie wir. Der Mann dieser Frau aber hat bereits genug um die Ohren und schafft es im Moment nur, er selbst zu sein. Wie soll er da den Sprung wagen und sein Leben und seine Genesung so angehen wie seine Frau? Nur noch mal zur Erinnerung: Wir sind verschieden, und oft sind es diese Unterschiede, die wir am anderen anziehend finden. Wir neigen dazu, jene Eigenschaften beim anderen zu begehren oder zu bewundern, die in uns selbst wenig ausgeprägt sind, doch kommt es zu einer Krise, regen wir uns auf, weil er uns nicht ähnlicher ist. Dabei ist es normal, dass man weniger flexibel wird und sich mehr auf seine bevorzugten Strategien versteift, wenn die Probleme des Lebens auftauchen – zum Beispiel ein Krankheitsfall in der Familie oder berufliche Herausforderungen. Es ist, als würden wir dann in den Notfallmodus schalten und uns mehr hinter unserer gewohnten Denkweise verschanzen, sodass wir weniger in der Lage sind, die Situation aus der Perspektive eines anderen zu betrachten. Doch zurück zu unserem Beispiel: Sobald die Frau begriffen hatte, welche Bewältigungsstrategie bei ihrem Mann dominierte, konnte sie selbst ihre Tür zum Denken öffnen, um seine Tür zum Handeln ein Stück weit aufzustoßen: Sie bat einen medizinischen Fachmann, ihrem Mann zu erklären, wie durch die verschriebenen Übungen neue neurologische Verbindungen gebildet werden, und so konnte er sich über das Denken an die Übungen machen.

Wenn jemand krank oder in Schwierigkeiten ist, geben wir mitunter gern Ratschläge und Handlungsanweisungen, die wir für richtig halten. Wenn er denn nur unseren Rat befolgen oder das erkennen würde, was wir erkennen, so ginge es ihm bestimmt besser. Oft tun wir das, weil wir nicht so viel mit der anderen Person mitfühlen möchten – ihre Hilflosigkeit und Verletzlichkeit, ihr Schmerz und ihre Frustration können uns nämlich an unsere eigene erinnern. Weil wir diese schwierigen Emotionen nicht gern mitfühlen, erteilen wir lieber Ratschläge. Viele der Betroffenen fühlen sich durch unerbetenen Rat aber verurteilt oder abgewiesen. Sie wollen in der Regel, dass man mit ihnen fühlt und sie versteht. Angenommen, Ihr Hund wird überfahren, dann möchten Sie schließlich auch lieber, dass jemand Ihnen in Ihrer Trauer beisteht, als dass er Ihnen Ratschläge erteilt, wie man eine Hundeleine hält. Empathie bedeutet nicht, die Gefühle des Gegenübers beiseitezuschieben oder sie in Ordnung zu bringen: Es bedeutet, das zu fühlen, was der andere fühlt. Das ist nicht immer leicht, vor allem, wenn der Betreffende die Dinge anders empfindet als Sie. In unserem Beispiel fiel es dem Patienten schwer, über seine Gefühle zu sprechen, aber dafür teilte er seine Gedanken mit, und als seine Frau das verstanden hatte und Empathie für seine Schwierigkeiten aufbrachte, konnte sie auch den gemeinsamen Konflikt lösen.

Meinen Beobachtungen nach lösen das Quengeln und Weinen eines Kindes oft Ungeduld und sogar Wut bei den Eltern aus. Es fällt uns leichter, auf Verärgerung auszuweichen, als zuzulassen, dass die Gefühle des Kindes Erinnerungen daran wecken, wie verletzlich man selbst als Kind war, oder die Scham über die eigene Hilflosigkeit in einer Situation anzuerkennen, die man nicht verbessern kann. Es ist unter Umständen bequemer, mit dem Kind zu schimpfen oder es von oben herab zu behandeln, anstatt mit ihm zu fühlen und es anzunehmen, nur wird ihm das nicht dabei helfen, das zu verarbeiten, was es gerade durchmacht. Das Gleiche machen wir manchmal auch mit Erwachsenen – weshalb man, wenn man verkündet, man habe eine Erkältung und fühle sich mies, eher Ratschläge über die Wirkung von Echinacea, Vitamin C, Honig und Zitrone sowie Nasenduschen be-

Alltagsweisheit
Es gibt drei wesentliche Bewältigungsstrategien für Probleme: Denken, Fühlen und Handeln. Macht jemand, den Sie lieben, eine schwere Zeit durch, versuchen Sie zu verstehen, welche Strategie er anwendet, und fühlen Sie dann mit ihm, statt zu versuchen, von außen damit klarzukommen.

kommt als das Mitgefühl, das man sich erhofft hatte, sodass man sich letztlich mehr bevormundet als getröstet fühlt.

Ich will damit nicht sagen, dass wir zu hundert Prozent selbst dafür verantwortlich sind, wie wir uns fühlen. Natürlich haben andere Menschen eine Wirkung auf uns, und das löst Gefühle in uns aus, von denen uns manche vielleicht nicht gefallen. Ich behaupte aber, dass auch die anderen nicht zu hundert Prozent dafür verantwortlich sind, wie wir uns fühlen. Eine geteilte Verantwortung bei Schwierigkeiten und Konflikten anzuerkennen und zu akzeptieren, dass andere eventuell nicht die gleiche Bewältigungsstrategie wie wir haben, sind die ersten wesentlichen Schritte, um das Problem zu verstehen und an einer Lösung arbeiten zu können.

Konflikt Nr. 2: Es liegt nicht an mir, es liegt an dir

Ich habe beobachtet, dass viele von uns Schwierigkeiten in einer Beziehung so angehen, als läge das Problem beim anderen und man selbst wäre lediglich Zuschauer. Wir grübeln lieber darüber nach, wie furchtbar andere Menschen sind, als dass wir uns genau ansehen, welchen Anteil wir dazu beitragen, wie wir uns fühlen. Wenn wir uns auf das Gegenüber konzentrieren, lenkt das von uns und unseren Gefühlen und Bedürfnissen ab. Das sehen wir am folgenden Problem, von dem mir ein Mann in seinen mittleren Jahren in einem wohlüberlegten Brief über seine Ehe berichtete.

> Meine Frau und ich sind beide 51 und seit 30 Jahren ein Paar. Bei ihr sind Symptome der Perimenopause aufgetreten, und ich versuche, sie so gut es geht zu unterstützen. Ich bin schon immer sehr einfühlsam auf ihre Bedürfnisse eingegangen – Regelschmerzen, Wehen, postnatale Depression und drei Jahre Magersucht – und habe so viel über die Perimenopause recherchiert, wie ich konnte. Ich bete meine Frau an und finde sie sexy, aber ich weiß, dass sie im Moment keine Intimität möchte, und das respektiere ich auch.
>
> Unser Sexleben ist während unserer Ehe nie regelmäßig gewesen, aber ich begehre meine Frau immer noch und wünsche mir wieder eine Form von Intimität, wenn sie bereit dafür ist. Ich möchte niemand anderen, und wenn ich es brauche, befriedige ich mich selbst, obwohl ich dabei immer noch Schuldgefühle habe wie ein Teenager! Gibt es noch Hoffnung für uns, unser Sexleben

> wiederaufzunehmen, wenn es so weit ist? Ich will einfach nicht hinnehmen, dass unsere Beziehung auf körperlicher Ebene vorbei sein könnte.

Meiner Meinung nach ist der Mann derjenige mit dem Problem – kein Sex –, in seinen Augen aber ist es seine Frau, auch wenn ihr das Fehlen von Intimität anscheinend nichts ausmacht. Tatsächlich scheint der Mann es gewohnt zu sein, seine Frau als eine Abfolge von Problemen wahrzunehmen, seine eigenen Probleme aber auszublenden. Zum Beispiel frage ich mich, was in seiner Erziehung los war, dass ihn im Alter von einundfünfzig Jahren noch Komplexe wegen Masturbation begleiten. Sein Versuch, seine Frau in Ordnung zu bringen, hat außerdem einen Beigeschmack von Ich-will-dich-für-mich-Hinbiegen, der ihr vermutlich nicht entgeht. Sie fühlt sich vielleicht entmündigt, weil er Recherchen anstellt und zum Experten für sie wird, als wäre sie ein Exemplar, das es zu untersuchen gilt – etwas, bei dem man recht haben kann, und keine Person, zu der man eine Verbindung herstellt –, und das könnte seine sexuelle Anziehungskraft auf sie mindern. Es kommt nur selten vor, dass jemand in Ordnung gebracht werden möchte, und eine solche Herangehensweise kann zwei Menschen voneinander entfernen.

Alltagsweisheit
Da wir selbst und nicht die anderen für uns verantwortlich sind, liegt es auch in unserer Verantwortung, uns selbst zu ändern, wenn wir wollen, dass sich insgesamt etwas ändert. Ob die anderen auf diese Veränderung reagieren oder nicht, liegt nicht in unserer Hand.

Wenn Sie jemandem sagen möchten, wie es Ihnen mit einem Problem geht, lassen Sie Ihre Annahmen über Ihr Gegenüber weg. Ich will Ihnen keine Worte in den Mund legen – verwenden Sie Ihre eigenen –, aber richten Sie stattdessen Ihr Augenmerk darauf, wie Sie sich fühlen und welche Verbesserungen Sie sich für Ihre Beziehung wünschen. Anstatt also zu denken: »Sie geht mir auf die Nerven« oder »Er hört mir nie zu«, drehen Sie es um und sagen Sie sich: »Ich bin genervt« oder »Ich fühle mich nicht gehört«. So übernehmen Sie Verantwortung für Ihre Reaktion und erkennen: Nur weil jemand nicht das tut, was Sie von ihm wollen, gibt es noch lange nichts an ihm auszusetzen.

Es ist oft so viel leichter, etwas zu sehen, das beim anderen in Ordnung gebracht werden sollte, als dass man bei sich selbst erkennt, was unserer Beziehung Grenzen setzt. Wir sollten uns bewusst sein, dass es wahrscheinlich an uns liegt und nicht an den anderen, wenn wir bei unterschiedlichen Menschen und Gruppen immer wieder das Gleiche empfinden. Na gut, vielleicht liegt es nicht an Ihnen, sondern tatsächlich an den anderen, aber wenn es *immer nur* die anderen sind und *niemals* Sie, dann sollten Sie noch einmal genauer hinschauen. Sehen wir uns das nächste Beispiel von einer Frau an, der Freundschaften mit anderen Frauen schwerfallen.

> Jede Frau, mit der ich seit meiner Kindheit jemals befreundet war, meldet sich irgendwann nicht mehr bei mir.
>
> Ich habe mir den Kopf darüber zerbrochen, weshalb diese Frauenfreundschaften jedes Mal im Sande verlaufen. Ich glaube nicht, dass ich irgendetwas falsch gemacht habe, das rechtfertigen würde, mich abzuservieren. Im Gegenteil, ich habe jede dieser Frauen über die Jahre un-

> terstützt, wenn sie schwere Zeiten durchgemacht haben. Männliche Freunde habe ich jede Menge; mir passiert es nur mit Frauen, dass sie nicht mehr auf meine Nachrichten reagieren.
>
> Ich habe hohe Erwartungen an mich selbst und habe auch eine Einstellung zur Unabhängigkeit von Frauen, aber ich habe mich nie negativ über das Leben meiner Freundinnen geäußert. Ich habe mich immer bemüht, sie zu ermutigen, und ihnen gesagt, wie klug, attraktiv und lustig sie sind. Kann es sein, dass sie neidisch auf mich waren?
>
> Ich weiß nicht, was ich anders machen soll.

Da es ihr immer wieder passiert, vermute ich, es liegt an ihr. Etwas geht vor sich, aber sie ist sich dieses Musters nicht bewusst. Sie macht nichts absichtlich falsch, und für den Fall, dass Sie sich in einer ähnlichen Lage befinden, bedarf es vielleicht ein wenig Detektivarbeit. So wie diese Frau finden viele Menschen Beziehungen mit dem einen Geschlecht einfacher als mit dem anderen. In der Therapie bitte ich die Klienten dann, mir genauer zu erzählen, wie sie die Beziehung zur Mutter oder zum Vater erlebt haben, je nachdem, ob sie eher ein Problem mit Frauen oder mit Männern haben. Manchmal lässt sich so herausfinden, ob dieses frühe Verhältnis eine Blaupause für die folgenden Beziehungen geworden ist.

In unserem Beispiel könnte die Frau Opfer des überlieferten Klischees geworden sein, Mädchen würden immerzu tratschen, wären zickig und schwach. Umgekehrt wird uns eingetrichtert, Jungen seien geradeheraus und stark. Sowohl Mädchen als auch Jungen verinnerlichen diese Botschaften. Die Gesellschaft scheint Jungen mehr zu schätzen: Bekommt man als Mädchen gesagt, man sei ja wie ein Junge, kann das als Kompliment aufgefasst werden und einem das Gefühl vermitteln, man wäre anderen Mädchen überlegen. So wie die Frau oben ihre Hilfe für ihre Freundinnen beschreibt, wirkt es auf mich nicht wie die übliche gegenseitige Unterstützung. Vielleicht vermittelte sie anderen Frauen das Gefühl, sie sollten eher so sein wie sie, als würde sie sagen: »Übernimm meine Einstellung, dann kannst du haben, was ich habe.« In den Ohren der anderen mag das klingen wie: »Sei nicht du, sei ich.« Vielleicht konnte sie Männer so akzeptieren, wie sie sind, fand dagegen aber, Frauen müssten sich ändern? Oder vielleicht suchte sie sich automatisch und unbewusst Freundinnen, denen sie sich überlegen fühlen konnte? Gut möglich, dass die anderen Frauen eine Art verinnerlichter Misogynie bei ihr gespürt haben.

Was immer ihr Problem verursacht, es wurzelt vermutlich in ihrem frühen Umfeld. Die gute Nachricht ist: Wir können zwar andere nicht ändern, dafür aber die Art und Weise, wie wir reagieren und uns verhalten, und das kann wiederum die Situationen verändern, in denen wir uns wiederfinden. Andere können wir nicht kontrollieren, uns selbst aber schon, und wenn wir aus einer Sackgasse in einer Beziehung herauskommen wollen, müssen wir damit anfangen, unser Verhalten zu ändern. Es ist viel einfacher und zugleich nutzloser, nur darauf zu achten, wie sehr uns andere auf die Nerven gehen, als sich klarzumachen, wie das eigene Tun Probleme in einer Beziehung schafft. Haben wir das erst einmal erkannt, können wir ein neues Muster entwickeln: ein nützlicheres und liebevolleres.

Konflikt Nr. 3: Gut gegen Böse

Mitten in einem Streit sehen wir uns selbst leicht als die Gute und den anderen als den Bösen und suchen dann ganz automatisch nach Beweisen für diese Ansicht. Wir verstärken unser Missfallen, indem wir uns die Beweisstücke herauspicken, die unsere Annahmen untermauern, und uns bei den Leuten darüber auslassen, die uns beipflichten. Das vermittelt uns das Gefühl, wir lägen richtig, ja vor lauter Selbstgerechtigkeit sehen wir den anderen nur noch negativ und machen ihn zum Bösewicht. Dieses »Ich liege richtig, du liegst falsch«-Spiel ist mir schon in unzähligen Situationen begegnet, sei es bei Eltern, die sich scheiden lassen, bei Differenzen unter Kollegen, bei Paaren, die sich über die Aufgabenverteilung im Haushalt streiten, oder bei Freundschaften, in denen es gewaltig knirscht.

Recht haben zu wollen ist normales menschliches Verhalten. Im Unrecht zu sein bringt Scham, Abwertung und Schuldgefühle mit sich – alles Emotionen, die wir lieber vermeiden. Wenn man aber immer recht haben möchte und denkt, man selbst wäre der oder die Gute, landet man häufig in einer Konfliktschleife und verweigert sich einer Lösung. Dann wächst der gegenseitige Unmut, aber beide Parteien sind gefangen. Keiner ändert seine Haltung, keiner verlässt die Situation. Ein kluger Mensch sagte einmal: Man kann recht haben oder verheiratet sein, aber nicht beides auf einmal. Meiner Meinung nach gilt das für jede Art von Beziehung.

Kürzlich erhielt ich folgende Zuschrift von einem jungen Mann, der wegen einer unangemessenen Unterhaltung in einen Streit mit seiner Familie geriet:

> Während eines gemeinsamen Essens machte meine älteste Schwester einen fremdenfeindlichen Witz. Ich sagte ihr, sie sei eine Rassistin und dass ich am liebsten gehen würde. Sie war wütend und fühlte sich angegriffen, bestritt, Rassistin zu sein, und sagte, ihr Witz sei einfach nur ein cleveres Wortspiel gewesen. Obwohl ich aufgebracht war, konnten mich die anderen zum Bleiben überreden, weil ich den Tag nicht verderben wollte, aber seitdem haben meine Schwester und ich kein Wort mehr miteinander gesprochen. Meine Mutter hat mir geraten, mich erst einmal nicht mehr bei unseren Familientreffen blicken zu lassen.
>
> Als Kinder haben wir uns immer gut verstanden, es ist also nicht so, als würden wir irgendeinen Konkurrenzkampf zwischen uns fortführen, aber inzwischen gibt es grundlegende Unterschiede zwischen mir auf der einen Seite und meiner Mutter und meiner Schwester auf der anderen, und die lassen sich so zusammenfassen: Ich lese den *Guardian* und wohne in einer Stadt, während sie die *Daily Mail* lesen und auf dem Land leben. Normalerweise kommen wir trotzdem gut miteinander aus, und ich möchte dieses Zerwürfnis unbedingt beilegen, aber ich weiß nicht, wie.

Als Gesellschaft müssen wir einander in der Öffentlichkeit und vor allem in privaten Augenblicken wie diesem zur Seite stehen. Es gibt sie, die Gesellschaft, egal, was Thatcher einst behauptet hat, und Diskriminierung anzuprangern, wenn sie uns begegnet, wirkt dem Hass entgegen und kann der Gemeinschaft helfen. Also Hut ab vor diesem Mann.

Der Witz, den ich hier nicht wiederhole, weil ich niemanden kränken will, war rassistisch. Das Problem des jungen

Mannes liegt aber nicht darin, ob der Witz nun beleidigend oder harmlos war. Das tatsächliche Problem liegt auch nicht darin, dass er seiner Schwester die Meinung gesagt hat, sondern in der Art und Weise, wie er es getan hat. Wenn wir wissen, dass wir recht haben, und zudem wissen, dass Millionen von Menschen unserem Standpunkt zustimmen würden, fühlen wir uns nur zu leicht überlegen und werden selbstgerecht. Unbewusst wollen wir dann eventuell beweisen, dass wir schlauer sind, erst recht vielleicht einem älteren Geschwisterteil, das womöglich immer schon als klüger galt, ganz gleich, wie harmonisch die Beziehung in der Kindheit war. Dieser Mann stellte seine linksliberalen Referenzen zur Schau und tappte in die Falle, sich und seine Schwester durch die verschmierte Brille linker und konservativer Politik zu betrachten. Wir alle sind aber komplexer als das.

Vermutlich hat der Mann irgendwann gelernt, anders als zu Kinderzeiten zu denken, weshalb er eigentlich in der Lage sein sollte, nachzuvollziehen, warum seine Schwester vielleicht nicht versteht, was an ihrem »Witz« beleidigend war. Anstatt dass sie die Menschen, über die sie sich offenbar lustig machte, verletzen wollte oder es böse meinte, hatte sie womöglich einfach nicht darüber nachgedacht. In ihrer Blase ist ihr unter Umständen noch nie in den Sinn gekommen, wie es sich anfühlt, einer Minderheit anzugehören, die es satthat, nur als Stereotyp gesehen, verspottet und zum Opfer gemacht zu werden.

Wir sollten versuchen, die Perspektive des anderen einzunehmen. Wenn wir stattdessen aber so tun, als wären wir moralisch überlegen, und den anderen in eine Schublade stecken, so ist auch das ein Verhalten, das uns zum »Guten« und den anderen zum »Bösen« macht. Verurteilen Sie den

Witz, nicht den Menschen. Jeder fühlt sich gedemütigt, wenn er vor anderen angeprangert und abgestempelt wird, und wer sich gedemütigt fühlt, wird sich in der Regel keine Kritik anhören, geschweige denn sie annehmen, sondern sie von sich weisen oder sich zu verteidigen versuchen. In unserem Fall hat der Mann leider die Gelegenheit versäumt, seiner Familie etwas nahezubringen.

Stattdessen hätte ich dem Mann geraten, den anderen zu erklären, welche Gefühle der Witz in ihm auslöst. Beispielsweise hätte er sagen können: »Schönes Wortspiel, aber wenn meine Familie aus einem anderen Teil der Welt käme, wäre ich darüber ganz schön traurig und wütend, oder ich würde mich sehr unwillkommen fühlen, und deswegen könnte ich den Witz nie weitererzählen. Er mag harmlos wirken, wie ein kleiner Schnitt, aber wenn man hundert kleine Schnitte verpasst bekommen hat, wird daraus eine üble Wunde.« Dann hätte er noch hinzufügen können: »Ich weiß, dass du ein guter Mensch bist, aber wenn jemand anders hört, wie du den Witz erzählst, hält er dich womöglich für eine Rassistin.«

Alltagsweisheit
Äußern wir unsere Meinung demütiger, fühlen wir uns paradoxerweise oft selbstbewusster, und dann wirken wir nicht anmaßend, wenn wir ein Argument vorbringen.

Weder sind rassistische Witze in Ordnung, noch ist es in Ordnung, eine Schwester anzugreifen, die nicht richtig nachgedacht hat, und aus zweimal falsch wird auch kein richtig. Wenn wir in einer Konfliktschleife feststecken, sollten wir als Erstes die Kategorien von »gut« und »böse« über Bord werfen.

Um das noch besser zu veranschaulichen, sehen wir uns die nächste Zuschrift an, die ich von einer jungen Verlobten erhalten habe. Ihre Vorfreude auf die bevorstehende Hochzeit und das Eheleben wurde durch eine schwierige Beziehung zur Familie ihres Partners getrübt. Kein ungewöhnliches Szenario, ich bekomme regelmäßig Briefe von Menschen, die Konflikte mit ihren Schwiegereltern lösen wollen.

> Die Mutter meines Partners ist ein totales Biest. Jede einzelne meiner Entscheidungen für die Hochzeit hat sie umgeworfen. Wir haben uns für eine trostlose Location entschieden, nur um sie zu besänftigen. Für den Mitternachtssnack wollten mein Partner und ich einen Foodtruck anheuern, aber sie hat dazu nur gesagt, dass sie ausländisches Essen »hasst«. Ihre Lösung? Essen vom Koch des Internats hier vor Ort (das Essen dort ist furchtbar: Denken Sie an trockene Schinkensandwiches).
>
> Corona bedeutete für uns, dass wir unsere Hochzeit nicht feiern konnten wie geplant. Ich war erleichtert, dass ich seine Familie nicht ertragen musste. Mein Partner will die Hochzeit jetzt nachholen, aber ich will das nur, wenn die Eltern nicht dabei sind. Am liebsten würde ich durchbrennen: Ich liebe ihn sehr und will ihn heiraten. Für ihn kommt das ohne Eltern aber nicht infrage. Seine Mutter und seine Schwester haben mir vorgeworfen, ich würde ihn seiner Familie wegnehmen. Das hat wehgetan, und ich werde es ihnen nie verzeihen. Ich habe ihn nie davon abgehalten, an Familienereignissen oder dergleichen teilzunehmen. Er meint, ich kann sie nicht ändern, ich soll es akzeptieren und nett zu ihnen sein. Tut mir leid, aber das geht nicht. Niemand scheint sich darum zu kümmern,

> was ich denke, dabei bin ich die Braut. Ich weiß wirklich nicht weiter.

Wenn wir uns in der Welt nicht sicher fühlen, suchen wir uns Feinde, denn sie sollen uns wieder ein Gefühl von Kontrolle vermitteln. Etwas in uns scheint Menschen zu brauchen, die wir als »falsch« abstempeln können, damit wir uns als »richtig« empfinden. Wenn man andere nicht verurteilt, sondern sie akzeptiert und sich bemüht, sie zu verstehen, kann sich das so anfühlen, als würde man den Kürzeren ziehen oder klein beigeben, aber ich kann Ihnen versichern, dass dem nicht so ist.

Diese Aufgabe wird leichter, wenn wir uns erst einmal klarmachen, wie wir das Verhalten unseres Gegenübers interpretieren. Nehmen Sie bei einem Streit einmal die Vogelperspektive ein: Blicken Sie auf sich dort unten hinab, wie Sie diesen Kampf auszufechten versuchen, und bleiben Sie unparteiisch. Was fällt Ihnen auf? Bemühen Sie sich, Kategorien wie falsch und richtig außer Acht zu lassen, und beobachten Sie einfach von oben, was passiert. Mit etwas Abstand können Sie erkennen, welche Rolle Sie in dieser Szene einnehmen. Wie sieht sie aus? Was sind die Ängste der Beteiligten? Wie geht jeder damit um? Inwiefern unterscheiden sich die jeweiligen Ängste? Inwiefern ähneln sie sich? Jeder Mensch hat Gefühle und geht mit ihnen um, so gut er eben kann. Begegnen Sie den Gefühlen anderer – und auch ihren eigenen – mit Neugier.

Womöglich denken Sie jetzt: *Warum muss immer ich an die Gefühle der anderen denken? Warum denken die anderen nie daran, wie ich mich fühle?* Nun, das müssen Sie, weil Sie eben nur über sich selbst die Kontrolle haben. Das Verhalten der anderen mag sich ändern, wenn Sie Ihr Verhalten ändern, aber dafür gibt es keine Garantie. Es hilft Ihnen nicht weiter, wenn Sie alles, was Ihr Gegenüber sagt, als Angriff deuten, denn dann meinen Sie, Sie müssten selbst zum Angriff übergehen. Der jungen Braut aus dem Beispiel würde ich raten, es mit einer anderen Einstellung zu versuchen. Statt zu denken: »Ich habe ihn nie davon abgehalten, zu irgendeinem Familienereignis zu gehen«, könnte sie folgenden Gedanken ausprobieren: »Ich kann verstehen, dass es für seine Familie hart sein muss, sich vorzustellen, diesen wunderbaren Mann, der ihnen so viel bedeutet, seltener zu Gesicht zu bekommen. Ich werde versuchen, ihn mit ihnen zu teilen.«

Sieht man das Tun der anderen in einem positiven anstatt in einem negativen Licht, kann es eine neue Bedeutung bekommen. Beispielsweise wandte sich eine andere angehende Braut mit einem ähnlichen Problem an mich, nur dass diesmal die zukünftige Schwiegermutter nicht angeboten hatte, bei den Hochzeitsplanungen zu helfen, was die junge Frau als selbstsüchtig empfand. Die Zurückhaltung der Schwiegermutter ließe sich aber auch so interpretieren, dass sie ihr nicht reinreden wollte. Anders gesagt: Suchen Sie nach den Gefühlen, die hinter dem stecken, was andere zu Ihnen sagen, und versuchen Sie, mit Empathie auf diese Gefühle zu reagieren.

Alltagsweisheit

Häufig interpretieren wir das Verhalten eines anderen so, wie wir das gleiche Verhalten für *uns* interpretiert hätten. Wir sollten aber nicht von uns auf andere schließen, denn für jeden bedeutet es etwas anderes.

Eine praktische Herangehensweise besteht darin, sich vorzustellen, man wäre dieser andere Mensch mitsamt seiner Lebensgeschichte und seiner Erziehung, und dann zu würdigen, was er daraus gemacht hat. Setzen Sie sich so hin, wie die Person, mit der Sie einen Konflikt haben, sich hinsetzen würde, und versuchen Sie, sich in sie und ihren Körper hineinzuversetzen. Wie fühlt es sich an, so zu sitzen wie sie? Und dann stellen Sie sich vor, Sie würden danebensitzen. Es kann helfen, sich in die Rolle hineinzufühlen, wenn man sich sagt: »Ich bin [Name des anderen], ich sitze hier mit [Ihr Name], wie erlebe ich meinen Körper?« Stellen Sie sich vor, wie es ist, diese andere Person zu sein, und wie sie sich wohl fühlt, und fühlen Sie dann mit ihr.

Nehmen zwei Menschen entgegengesetzte Standpunkte ein, müssen beide sich im Geben und Nehmen üben, damit es zu einem Kompromiss kommen kann. Das ist nicht immer leicht. Andere zu akzeptieren ist nicht immer leicht. Aber nur so kommen wir weiter.

Konflikt Nr. 4: Fakten vs. Gefühle

Bei Auseinandersetzungen geht es in der Regel nicht so sehr um Sachverhalte, sondern um Gefühle. Das prägt entscheidend die Art und Weise, wie wir streiten, und es erfordert für viele von uns eine substanzielle Verschiebung unserer Wahrnehmung von uns selbst und anderen. Unsere Gedanken sind allesamt weit weniger logisch, als wir meinen, und mithilfe von Logik lassen sich auch nur die wenigsten Streitigkeiten klären. Es ist viel einfacher, zu einer Lösung zu finden, wenn ein gegenseitiges Verständnis für Gefühle da ist. Natürlich haben Fakten manchmal Vorrang, aber wenn die Emotionen nicht anerkannt werden, werden in der Regel auch die Fakten weniger respektiert. Das heißt, statt mit Logik »gewinnen« zu wollen, hört man besser auf die eigenen Gefühle und die des Gegenübers, um sie zu verstehen, denn dieser Weg führt uns aus der Sackgasse.

Wenn wir uns statt auf unsere Gefühle auf die Fakten konzentrieren, landen wir unter Umständen bei einem Spiel, das ich gern als »Faktentennis« bezeichne: Zwei sich streitende Personen schlagen einander Gründe und Fakten über das Netz ins gegnerische Feld und finden immer mehr, was sie dem anderen entgegenschmettern können. Irgendwann geht es dann nur noch darum, Punkte zu erzielen, und nicht mehr darum, eine brauchbare Lösung zu finden.

Sehen wir uns dazu den weitverbreiteten Streit an, wenn der oder die eine länger braucht, um ausgehfertig zu sein, als der oder die andere. So sieht es aus, wenn daraus Faktentennis wird:

> AUFSCHLÄGER: Du brauchst immer ewig, um dich fertig zu machen. Wenn du also nicht bald anfängst, kommen wir zu spät zu meinen Eltern. *15:0*
> RÜCKSCHLÄGER: Das stimmt nicht, ich brauche nur eine halbe Stunde, und die Fahrt dauert zwanzig Minuten, wir haben also genug Zeit. *15:15*
> AUFSCHLÄGER: Als wir letzte Woche mit meinen Freunden essen gegangen sind, hast du eine Dreiviertelstunde gebraucht. *30:15*
> RÜCKSCHLÄGER: Letzte Woche musste ich mir noch die Haare waschen, das muss ich heute nicht. *30:30*
> AUFSCHLÄGER: Aber wenn wir so knapp losfahren, gibt es vielleicht viel Verkehr, und dann kommen wir zu spät. Letztes Mal waren wir zu spät. *40:30*
> RÜCKSCHLÄGER: Ich habe die Verkehrsnachrichten gehört, die Straßen sind frei. *Einstand*

Und so weiter. Irgendwann gehen einem der beiden die Argumente aus, und dann steht er oder sie als der »Verlierer« da. Auch wenn der Streit damit oberflächlich beigelegt ist, sind beide Beteiligten womöglich noch eine Weile verärgert und gekränkt. Und falls sich der »Gewinner« gut fühlt, dann auf Kosten seines Partners oder seiner Partnerin.

Lassen wir die Logik aber beiseite und konzentrieren uns stattdessen auf die Gefühle, verläuft das Gespräch wahrscheinlich eher so:

> Erste Person: Ich werde nervös, wenn wir erst kurz vor knapp losfahren, um meine Eltern zu besuchen. Ich weiß, dass mein Vater es nicht leiden kann, wenn man zu spät kommt, und dann kriegt er schlechte Laune.
>
> Zweite Person: Oh, das tut mir leid, Liebling, ich will

nicht, dass du dir Sorgen machst, und ich verstehe, dass es nicht schön ist für deine Eltern, wenn wir zu spät kommen. Ich will nur noch das hier zu Ende bringen, damit ich nachher voll und ganz bei deiner Familie sein kann.

Erste Person: Ja, du hast viel zu tun gerade. Wie wäre es, wenn ich dir helfe und dein Kleid bügele, damit du direkt reinschlüpfen kannst, wenn du fertig bist, und wir so schneller loskommen?

Um mit Meinungsverschiedenheiten umzugehen, müssen wir unsere Unterschiede wahrnehmen, Verständnis für sie zeigen und kompromissbereit sein; dabei geht es nicht ums Gewinnen. Ich denke, es lebt sich besser, wenn wir andere nicht verurteilen, sondern neugierig bleiben und Empathie zeigen. Wir sollten Meinungsverschiedenheiten nicht in richtig oder falsch einteilen, in Gewinnen und Verlieren, sondern sie als Gelegenheit betrachten, ein Verständnis für den Standpunkt des anderen zu entwickeln und darüber zu reden, wie sich unser eigener anfühlt. Lassen Sie die Kategorien von richtig und falsch beiseite, streben Sie nicht nach Schuldzuweisungen und / oder einer Entschuldigung, sondern versuchen Sie zu verstehen. Recht zu haben ist vollkommen überbewertet.

Alltagsweisheit
Der Versuch, einen Streit durch Fakten und Logik zu »gewinnen«, ist nicht konstruktiv und drängt die Beteiligten in ein ungesundes Spiel von »richtig« und »falsch«. Fällen Sie kein Urteil, und kämpfen Sie nicht um den Sieg, sondern bauen Sie gegenseitiges Verständnis und Mitgefühl auf.

Konflikt Nr. 5: Das Dramadreieck von Karpman

Viele Therapeutinnen und Therapeuten wenden das sogenannte Dramadreieck an, um herauszufinden, was in einer Beziehung vor sich geht. Dabei lässt man außer Acht, worum es sich in dem Konflikt dreht, und schaut stattdessen genauer an, wie und nach welchen Mustern die Beteiligten miteinander umgehen. Stellen Sie sich ein Dreieck vor, an dessen unterer Spitze das Opfer steht, oben links der Verfolger / Täter und oben rechts der Retter.

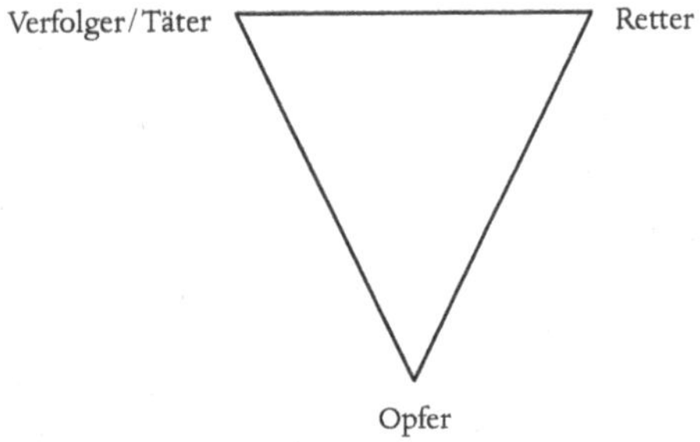

Der Zweck des Dramadreiecks besteht darin, zu der Wurzel des Konflikts zu gelangen und zu begreifen, dass es bei Streitigkeiten oftmals nicht um die konkrete Sache geht, über die diskutiert wird, sondern darum, wie wir uns vom anderen behandelt fühlen. Genau deshalb kann ein Streit über eine scheinbar winzige und unbedeutende Kleinigkeit in eine hitzige Auseinandersetzung ausarten.

Sehen wir uns zur Veranschaulichung folgendes Beispiel an: Ein Mann schrieb mir einen verzweifelten und frustrierten Brief, weil seine Partnerin unter Depressionen leidet, sich aber weder Hilfe suchen noch ihre Medikamente einnehmen will.

> Meine Frau leidet seit Jahrzehnten unter Depressionen, ist deswegen aber nur ein einziges Mal zum Arzt gegangen, hat nach wenigen Monaten die Medikamente abgesetzt und weigert sich, wieder damit anzufangen. Sie will mit niemandem darüber reden und sich auch keine Hilfe holen, weder professionelle noch von jemandem aus der Familie – nicht einmal von mir.
>
> In den letzten zwei Jahren hat Corona ihre mentale Gesundheit schwer beeinträchtigt, und inzwischen hat ihr Verhalten auch auf mich massive Auswirkungen. Früher hat man mir gesagt, ich sei ein positiver und glücklicher Mensch. Heute bin ich alles andere als das.
>
> Ich bemühe mich sehr, alles richtig zu machen, aber ich bin nicht perfekt – und nichts, was ich tue, ist ihr gut genug. Sie redet mit mir, als wäre ich dumm. Aggressivität entspricht nicht meinem Naturell, aber manchmal muss ich mich verteidigen. Ständig wird mir das Gefühl vermittelt, alles wäre meine Schuld.
>
> Sie hat weder enge Freundinnen noch irgendwelche Hobbys, und mir kommt es vor, als würde sie es mir übel nehmen, wenn ich etwas unternehme, aber sie will mich auch nicht begleiten.

Im Moment bewegen sich die beiden im Dreieck vom Retter zum Verfolger / Täter zum Opfer und wieder zurück. Der Mann nimmt die Rolle des Retters ein, indem er seine unter Depressionen leidende Frau davon überzeugen will, sich Hilfe zu suchen. Sie wiederum erlebt das als Vorwurf, geht in die Verteidigung und macht nun umgekehrt ihm Vorwürfe, sodass er sich als Opfer fühlt. In diesen Kreislauf geraten Paare, Familienmitglieder und auch Freunde sehr häufig, wenn es zwischen ihnen zum Streit kommt.

Wie also entrinnt man diesen drei wenig nützlichen Rollen? Wir können ändern, wie wir auf andere reagieren, und abwarten, was dann passiert, oder wir können gehen. Entscheiden wir uns für Ersteres, müssen wir zunächst lernen, den anderen nicht auf die Anklagebank zu setzen: Wir können uns bestimmte Formulierungen untersagen, wie zum Beispiel »Immer machst du …«, »Du bist …«, »Du solltest …« und stattdessen Ich-Botschaften formulieren, die unsere eigene Erfahrung beschreiben. Sagen Sie, welches Gefühl etwas bei Ihnen auslöst, und erklären Sie dann, welches Verhalten Sie sich stattdessen wünschen. Diese Regel wird Ihnen dabei helfen, Verantwortung für Ihre Reaktion zu übernehmen, anstatt Ihrem Gegenüber Vorwürfe zu machen, und das führt zu einem weniger streitsüchtigen Gespräch.

Alltagsweisheit
Achten Sie darauf, wie Sie mit anderen sprechen. Ein guter Anfang ist es, Ich-Botschaften zu formulieren, die vom eigenen Erleben ausgehen, anstatt Du-Botschaften, die ein Urteil über die andere Person fällen.

Die Art und Weise, wie wir etwas sagen, ist genauso wichtig wie das, was wir sagen. Schieben Sie Ihr Urteil vorerst ganz beiseite, und seien Sie stattdessen neugierig auf andere und sich selbst. Es ist weder nötig, andere abzuwerten, noch sie zu loben, man kann sich auch einfach nur für sie interessieren. Stecken Sie andere nicht in eine Schublade, und teilen Sie keine ungebetenen Ratschläge aus, denn derlei Bemerkungen werden schnell als versteckter Vorwurf aufgefasst, ganz egal, wie gut die Absichten dahinter sind. Wenn Sie ausdrücken können, was Sie stört, ohne dabei wertend oder gar abwertend zu klingen, werden die anderen das nicht als

Angriff auffassen, und dann können Sie gemeinsam auf eine Lösung hinarbeiten, ohne dass es zur Eskalation kommt.

In der Rolle des Retters befinden wir uns, wenn wir uns zu sehr darum bemühen, die Dinge für andere zurechtzurücken, und zum Beispiel etwas für sie übernehmen, was sie eigentlich selbst erledigen können. Unter Umständen erleben die Betreffenden das nicht als Unterstützung, sondern fühlen sich dadurch bevormundet, ausgebremst und an den Rand gedrängt. Dieses Rettungsverhalten fällt mir vor allem bei Männern auf. In unserer Kultur erhöhen wir Männer und Jungen zu Rittern in glänzenden Rüstungen, während wir Frauen und Mädchen als Burgfräulein in Not verniedlichen, und deshalb gehen wir allzu leicht davon aus, dass stets der männliche Part die Probleme löst. Aber das stimmt nicht. Versuchen Sie nicht, perfekt zu sein, es reicht, wenn Sie Sie selbst sind.

Übernimmt man die Opferrolle, gibt man die eigene Macht und Stärke ab. Erkennen Sie, wenn Sie den Märtyrer mimen, und hören Sie damit auf. Wenn Sie zulassen, dass jemand anderes Sie runterzieht, werden Sie es demjenigen übel nehmen. Im anderen Fall werden Sie das nicht. Und wissen Sie, was man über Groll sagt? »Groll ist wie Gift schlucken und darauf warten, dass der Feind stirbt.« Wahre Opfer sind hilflos, und die Verantwortung für ihre Notlage liegt nicht in ihrer Hand. Die Rolle des Opfers zu spielen, ist etwas anderes – man entscheidet sich dagegen, Verantwortung zu übernehmen.

Selbst wenn jemand Sie herabsetzt, müssen Sie nicht die Opferrolle einnehmen und dem anderen die Rolle des Verfolgers überlassen. Kränkt mich jemand, kann ich die Lage entschärfen, anstatt einen Streit anzufangen. Als Entgegnung auf die Beleidigung »Sie sind dumm« kann ich zum Beispiel sagen: »Aha, Sie finden mich dumm, danke, dass Sie es mir gesagt haben.« Ich stimme weder zu, noch widerspreche ich, stattdessen zeige ich lediglich, dass ich den anderen gehört habe. Indem ich seine Worte wie ein Echo zurückgebe, ignoriere ich ihn nicht, und das beruhigt die Situation. Außerdem vermittelt es mir das Gefühl, ich würde gewissermaßen ihm die Meinung sagen, denn ich spüre dann, dass sich die Aussage eigentlich auf mein Gegenüber bezieht und nicht auf mich.

Die Gefühle des anderen anzuerkennen, egal, wie unangenehm sie uns sind, ist ein wichtiger Schritt, um mehr Klarheit zu bekommen, wo die Unterschiede liegen. Anstatt also gegen jemanden zu handeln, schlagen Sie die gleiche Richtung ein wie er, und fassen Sie sein Handeln und Verhalten in Worte. Wenn wir uns gehört fühlen, müssen wir nicht noch lauter schreien. In unserem Beispiel muss der Mann seiner Frau nichts entgegensetzen, wenn sie sagt, Ärzte könnten ihr nicht helfen. Widerspricht er ihr sofort, heizt das beide nur an, und dann stehen die Chancen auf eine Lösung schlecht. Stattdessen kann er antworten: »Aha, du hast das Gefühl, Ärzte können dir nicht helfen.« So schlagen beide dieselbe Richtung ein, fühlen sich gesehen und verstanden – und dann können sie anfangen, gemeinsam nach Lösungen zu suchen. Nachdem sie sich nun darin einig sind, dass seine Frau glaubt, Ärzte könnten ihr nicht helfen, könnte ihr Mann sagen: »Ich würde mir so viel weniger Sorgen machen, wenn du es noch einmal mit einem Arzt probieren würdest.« Diese Aussage wird von seiner Frau ganz anders aufgenommen als das fordernde »Du solltest …«, denn er würde von sich selbst ausgehen und Verantwortung für seine eigene Reaktion übernehmen, anstatt seiner Frau die Schuld zu geben. Wenn man in einer Beziehung einen Schritt hin zu mehr Offenheit und Verletzbarkeit wagt, zieht die andere Person oft mit.

Konflikt Nr. 6: Konfliktvermeidung

Ein Kompromiss bedeutet nicht, dass man anderen komplett zustimmt. Das führt nur zu Groll und Distanz. Wird ein Konflikt aber vollständig vermieden, nicht thematisiert und nie ausgehandelt, kann die Beziehung eingehen, denn wenn bestimmte Themen zum Tabu werden, gibt es auch immer weniger, worüber man reden kann, und so entstehen Bereiche der Einsamkeit, in denen beide unsichtbar bleiben. Wenn wir unsere Differenzen nicht aushandeln, verschwindet unsere Beziehung einfach irgendwann. Damit meine ich nicht, dass man keinen Konflikt auf sich beruhen lassen darf – falls Sie einen Groll hegen, sollten Sie das nämlich besser tun –, aber sehen wir uns beispielsweise ein Ehepaar an. Frisst die Frau alles in sich hinein, was ihr Mann sagt und tut, und unterdrückt sie immer nur ihre Gefühle, dann geht es in ihrem Zuhause vielleicht friedlich zu, doch irgendwann wird sie sich einsam und nicht beachtet fühlen. Die Angst vor einem Streit kann zu weniger Nähe und zu Verbitterung führen. Damit es nicht so weit kommt, muss man Grenzen setzen, wie ich sie im ersten Kapitel beschrieben habe, aber genauso wichtig ist es, sich seine Gefühle einzugestehen und sie zuzulassen, auch wenn man ihnen nicht unbedingt nachgibt.

Schauen wir uns das nächste Beispiel an, in dem ein Mann herausfand, dass seine Frau eine Affäre hatte. Mir schrieb er Folgendes:

> Als meine Frau eine Affäre anfing, war unsere Ehe nach sechs Jahren vorbei. Bei der Paarberatung erfuhr ich, dass meine Frau, als unser ältestes Kind in die Schule kam,

Aufmerksamkeit von einigen der anderen Väter bekam. Das fand sie aufregend, aber es machte ihr auch bewusst, dass sie nicht darauf eingehen konnte, weil sie eine monogame Beziehung führte. Sie fing an, sich über mich und unsere Ehe zu ärgern – nicht unbedingt, weil sie eine andere Beziehung wollte, sondern eher, weil sie das berauschende Gefühl von etwas Neuem erleben wollte. Sie verknallte sich in einen der Väter, und die beiden fingen eine Affäre an. Wir gingen sowohl zur Paarberatung als auch zu Einzelterminen. Meine Ex fühlte sich dabei aber bald »verurteilt« und kam nicht mehr. Sie sagte zwar, sie könne verstehen, dass ich aufgelöst sei, weil unsere Ehe in die Brüche ging, warf mir dann aber »emotionale Erpressung« vor.

Wir gehen weiter höflich miteinander um, der Kinder wegen. Ich will auch kein verbitterter Ex sein. Aber in mir brodelt eine Menge unterdrückter Wut – ihr Verhalten hat so viel Trauma verursacht, nicht nur bei mir, sondern auch bei der Ex-Frau ihres jetzigen Partners, bei ihren Eltern, bei unseren Kindern und bei Freunden. Ich unterdrücke die Wut jedoch und habe sogar ein schlechtes Gewissen, dass ich sie überhaupt empfinde. Meine Therapeutin hat das hinterfragt und gesagt: »Wir hören immer nur, wie verständnisvoll Sie sind, aber wo ist Ihre Wut?« Meine Ex ist der Meinung, sie müsse ihr wahres Ich ausleben und ihren Gefühlen treu bleiben, sie habe ihr Bestes gegeben und sei auch nur ein Mensch.

Die Wut in mir hat letztlich damit zu tun, dass die Dinge nicht so laufen, wie ich will. Und dieser Gedanke schreckt mich ab, deswegen unterdrücke ich ihn. Wie kommt man mit unbewältigter Wut zurecht, wegen der man Schuldgefühle hat und die man schon gar nicht zeigen will?

Für viele, diesen Mann eingeschlossen, ist Wut gleichbedeutend mit »schlecht«. Oft assoziieren wir mit ihr Wutausbrüche, wodurch wir sie mit kindischem Benehmen gleichsetzen, mit fehlender Impulskontrolle oder ungerechtfertigten Forderungen. Wird man angeschrien, löst das oft Angst in einem aus. Man hört nicht mehr, was geschrien wird, sondern registriert nur noch, dass es laut und bedrohlich ist. Man ist geschockt und voller Adrenalin, als wäre man körperlich und nicht verbal angegriffen worden. Niemand fühlt sich sicher, wenn man ihn anschreit, und niemand wird sich daraufhin öffnen, um zu reden. Außerdem ist es nur natürlich, mit einem Gegenangriff zu reagieren, wenn man sich angegriffen fühlt.

Wut hat einen schlechten Ruf, dabei ist nicht das Gefühl an sich schlecht. Es ist vielmehr das manchmal mit dem Gefühl einhergehende Verhalten, das destruktiv oder angsteinflößend sein kann. Es kommt recht häufig vor, dass Erwachsene Kindern das Gefühl geben, es wäre falsch, wütend oder traurig zu sein oder überhaupt irgendwelche negativen Gefühle zu verspüren. Was die Erwachsenen aber eigentlich ablehnen, ist das Verhalten, das Kinder an den Tag legen, wenn sie wütend sind: Schreien, Schlagen, Schmollen. Jeder, der einmal mit einem Säugling oder Kleinkind zusammengelebt hat, weiß, dass diese nicht besonders gut darin sind, ihre Gefühle in Worte zu fassen, sie können diese aber dafür sehr gut durch ihr Verhalten zum Ausdruck bringen: Sie beißen, sie schreien, sie werfen sich auf den Boden und trommeln mit den Fäusten und versuchen ganz allgemein, sich aus Situationen herauszuwinden, die sie nicht mögen. Niemand bestreitet, dass ein Baby, das sein Spielzeug auf den Boden wirft, im Grunde sein Bestes gibt, um seine Gefühle zu zeigen.

Manchmal kommen uns die Gefühle eines Kindes ungelegen, und doch darf uns das nicht dazu verleiten, mit ihm darüber zu streiten oder ihm zu erklären, das Gefühl sei albern. Wir wollen, dass unsere Kinder glücklich sind, aber gerade dadurch können sie das Gefühl haben, uns zu enttäuschen, wenn sie es nicht sind. Das bedeutet, es fällt ihnen schwerer, mit uns zu reden, wenn sie glauben, wir würden sie und ihre Gefühle nicht ernst nehmen. Indem wir alles bloß schnell wieder ins Lot bringen wollen, um unsere Ruhe zu haben, vermitteln wir ihnen unter Umständen das Gefühl, sie wären unmöglich, wenn sie unangenehme Emotionen oder seltsame Gedanken haben, und sie hätten keinen Raum, in dem sie sich damit auseinandersetzen können. Wenn wir ihre Gefühle für nichtig erklären und ihnen so beibringen, diese Art von Gefühlen abzulehnen, bringen wir sie in Gefahr. Ich will damit nicht sagen, dass wir ihre Gefühle nicht zügeln oder sie nicht trösten sollten, und ich meine auch nicht, dass die Gefühle unserer Kinder unser Handeln diktieren sollten. Worum es mir geht, ist vielmehr, dass wir sie anerkennen und ernst nehmen sollten. Damit bringen wir unseren Kindern nicht zuletzt bei, wie sie auch Mitgefühl für das subjektive Erleben anderer aufbringen können, und so lernen sie zu akzeptieren, dass die eigenen Gefühle sich mitunter von denen eines anderen unterscheiden.

Ohne diese Erfahrung wächst ein Kind womöglich auf, ohne zu wissen, wie es seine Gefühle ausdrücken kann, weil ihm beigebracht wurde – wie es wohl bei dem Mann aus dem Beispiel eben der Fall war –, dass es unmöglich und kindisch ist, Wut zu empfinden. Wäre der Mann in seiner Kindheit dabei unterstützt worden, akzeptable Wege zu finden, um seine Wut zum Ausdruck zu bringen, befände er sich jetzt nicht in einer Position, in der er nicht weiß, wohin mit seinen Gefühlen.

Es ist dennoch nie zu spät, um zu lernen, wie wir mit Wut umgehen können. Das Wichtige dabei ist, die Wut nicht durch Schreien oder einen Angriff auf die Person oder Sache, die uns wütend gemacht hat, abzureagieren, sondern sie stattdessen in Worte zu fassen. In der Therapie nennen wir das »Gefühlsverarbeitung«. Wer in der Lage ist, ruhig über das zu sprechen, was er fühlt, hat dieses Gefühl unter Kontrolle und wird nicht umgekehrt von ihm beherrscht. Sofern wir das nicht lernen, werden wir unsere Gefühle weiterhin an anderen auslassen oder aber sie unterdrücken, sodass sie in uns weiterbrodeln.

Besteht eine elektrische Ladung von Wut, so hat sie ihren Ursprung meist in der Vergangenheit und nicht im Jetzt. Sich dessen bewusst zu sein, hilft dabei, die eigenen Gefühle in jeder Konfliktsituation zu respektieren. Vielleicht macht es Sie rasend, wenn jemand Ihnen sagt, Sie lägen falsch, und Ihre Wut ist keine Reaktion auf diese eine Situation, sondern hat sich mit jedem Mal, wo jemand Sie bevormundet, manipuliert oder nicht ernst genommen hat, aufgestaut. Im obigen Beispiel hat der Mann seine Wut in einer metaphorischen Kiste verstaut und sich auf den Deckel gesetzt. Vielleicht hat er Angst, dass die Kiste explodiert, wenn er den Deckel anhebt. Trotzdem fühlt es sich für ihn nicht besonders gut an – es klingt, als würde es ihn von innen zerfressen –, und es ist auch keine Dauerlösung. Er wird gar nicht anders können, als nach und nach etwas davon rauszulassen.

Aggressionsbewältigung heißt, seine Wut sowohl ausdrücken als auch kontrollieren zu können. Viele von uns lernen, ihre Emotionen zu betäuben, denn wenn man Gefühle hat, erlebt man oft irgendwann auch Schmerz. Das Problem dabei ist nur, dass wir Schmerz und Leid nicht betäuben können, ohne auch die Freude zu betäuben. Unterdrücken Sie ein Gefühl, unterdrücken Sie auch alle anderen. Es ist in Ordnung, aufgebracht zu sein, wenn etwas nicht so läuft, wie man es sich vorstellt. Sie haben ein Recht auf dieses Gefühl, nur nicht darauf, jemandem damit wehzutun. Das bedeutet aber nicht, dass Sie es für sich behalten müssen, sodass es Ihnen schließlich selbst wehtut. Es ist nicht nötig, Ihrer Wut auch noch Schuldgefühle hinzuzufügen, indem Sie sich untersagen, wütend zu sein. Das wird Sie nur noch mehr belasten.

Falls Sie auf jemanden oder auf eine Situation wütend sind und sich nicht in der Lage fühlen, ruhig darüber zu reden, dann schnappen Sie sich ein Kissen und boxen oder schreien Sie hinein, und zwar kräftig. Brüllen Sie! Vielleicht müssen Sie in einem geschützten Raum im Beisein eines mitfühlenden und Sie ermutigenden Zeugen schreien und brüllen. Ich habe mich einmal auf eine große Wiese gestellt und dort einen unschuldigen Baum angebrüllt: Dem Baum hat es nichts ausgemacht, und mir hat es geholfen. Sie können auch aufschreiben, was Sie so wütend macht. Listen Sie jede einzelne Ungerechtigkeit auf, beschreiben Sie, was daran unfair ist, warum es nicht Ihre Schuld ist, wie fuchsteufelswild Sie sind. Dann verbrennen Sie das Geschriebene und sehen Sie dabei zu, wie die Glutfetzen davonsegeln. Vielleicht müssen Sie das einen Monat lang jeden Tag tun, aber es ist gut, Gefühle in Worten zu verarbeiten. Versuchen Sie es mal mit einem Boxverein, und geben Sie es dem Sandsack so richtig. Suchen Sie sich einen geschützten Raum, und rasten Sie dort einmal aus, und dann gleich noch ein zweites Mal; es ist in Ordnung, Sie werden die Kontrolle behalten und können Ihre Wut nach und nach rauslassen.

Erst wenn Sie sich selbst den Raum gegeben haben, Ihre Gefühle in ihrem ganzen Ausmaß zu spüren, können Sie anderen gegenüber mit der nötigen Ruhe erklären, wie wütend Sie sind und weshalb, und erst dann können Sie offen dafür sein, die Dinge aus einer anderen Warte zu betrachten. So wie der Mann aus dem obigen Beispiel ein Recht hatte, zum Ausdruck zu bringen, wie wütend er war, so glaubte seine Ex-Frau, ein Recht auf ihre Gefühle zu haben. Ich hoffe, ich konnte ihn davon überzeugen, dass Wut nichts Kindisches ist und dass wir sie klar und deutlich zum Ausdruck bringen können, ohne anderen damit Angst zu machen.

Konflikt Nr. 7: Wenn der Impuls übernimmt

Wir können noch so gut darin werden, unsere Gefühle zu verarbeiten und mit ihnen umzugehen, und doch handeln wir manchmal impulsiv, um es sofort zu bereuen, oder wir sagen etwas, das wir gar nicht so meinen. Mein bislang jüngster Briefpartner war ein neunjähriger Junge, der mir zusammen mit seiner Mutter schrieb. Mir gefiel es sehr, dass die Mutter sich nicht hinter seinem Rücken an mich wandte. Das zeugte von Ehrlichkeit und Offenheit.

> Vor einer Weile hat mein Sohn in der Schule einem Freund körperlich wehgetan. Er hörte erst auf, als die Lehrerin ihn ausschimpfte. Sein Freund hat es längst abgehakt, ihm verziehen und ihn sogar zu seiner Geburtstagsfeier eingeladen, aber meinen Sohn verfolgt die Geschichte immer noch, er fühlt sich deswegen schlecht und ist wirklich beunruhigt. Was vorgefallen ist, war sehr untypisch für ihn, und er kann nicht erklären, weshalb er es getan hat.
>
> Hier ist der Brief meines Sohnes an Sie: Ich bin ein neun Jahre alter Junge. Vor ein paar Monaten habe ich meinen Freund fest am Nacken gepackt und ihm dabei wehgetan. Ich weiß nicht, wieso ich das getan habe. Vielleicht war ich übermüdet. Ich bereue es sehr und habe seitdem fast jeden Tag ein schlechtes Gewissen. Ich habe mich entschuldigt und entschuldige mich auch immer noch. Der Junge, dem ich wehgetan habe, hat mir schnell verziehen, aber ich kann mir selbst irgendwie nicht verzeihen. Leider bin ich nicht religiös, darum kann ich nicht mit Gott reden und ihn um Verzeihung bitten. Nachdem es passiert ist, war ich so erschüttert und still, aber diese

> Gefühle haben sich irgendwie in mir aufgestaut. Manchmal, wenn ich daran denke, bekomme ich Bauchweh. Ich schreibe Ihnen, weil ich hoffe, dass Sie mir helfen können, die Sache hinter mir zu lassen.

Ein allmächtiger Gott mit der Kraft der Vergebung würde das Ganze in der Tat vereinfachen, aber viele von uns sind nicht religiös, also müssen wir uns etwas anderes einfallen lassen. Ich schrieb dem Jungen, was ich auch vielen anderen sage, die sich mit ähnlichen Problemen an mich wenden, nämlich, dass niemand immer nur gut ist. Scham und Schuldgefühle sind unangenehme, aber im Grunde gute Gefühle, denn sie erinnern uns daran, etwas nicht noch einmal zu tun. Manchmal probieren wir etwas aus, was sich dann als Katastrophe entpuppt, und daraus lernen wir, dass man es so auf keinen Fall machen sollte.

Wir haben zwar nur ein Gehirn, man könnte aber meinen, wir hätten zwei: ein Tiergehirn und ein denkendes Hirn. Im Notfall, zum Beispiel wenn man die Straße überquert, ohne nach links und rechts zu schauen, bringt unser Tiergehirn uns dazu, auf den Bürgersteig zurückzuspringen, bevor der Bus uns überfährt. Wir brauchen unser Tiergehirn, denn manchmal müssen wir handeln, ohne vorher nachzudenken. Im Baby- und Kindesalter dominiert unser Tiergehirn, doch mit der Zeit lernen wir, wann wir welches Hirn einsetzen müssen. Manchmal gewinnt das Tiergehirn auch später noch die Oberhand. Es bringt durcheinander, wann schnelles Handeln überlebensnotwendig ist und wann unsere Reaktion besser durchdacht sein sollte. Kinder dürfen diese Art von Fehler machen. Durch Fehler lernen wir. Genau deswegen geben Erwachsene auf Jüngere Acht, denn sie rechnen damit, dass ihnen Ausrutscher passieren. Der Junge und sein Freund aus dem Beispiel haben keinen Schaden davongetragen, denn eine Lehrerin sagte dem Jungen, er solle aufhören, und das tat er. Er wusste sofort – als die Lehrerin ihn daran erinnerte –, dass er seinem Freund nicht wehtun sollte. Wunderbar! Ich mache mir keine Sorgen um den Jungen: Ich glaube, seine Lehrerin und seine Mutter werden ihm weiterhin dabei helfen zu lernen, wann es angemessen ist, das Tiergehirn übernehmen zu lassen, und wann nicht.

Wenn der Junge davon spricht, er sei »übermüdet« gewesen, vermute ich dahinter einen Erwachsenen. Erwachsene lieben diese Erklärung, wenn womöglich etwas Komplizierteres dahintersteckte. Wurde er gehänselt? Oder fühlte er sich unter Druck und konnte das nur dadurch zum Ausdruck bringen, dass er einen ähnlichen Druck auf seinen Freund ausübte? War das in dem Moment sein Ventil? Wir tun gut daran, Gefühle in Worte zu fassen, ehe sie auf unser Tiergehirn wie ein Notfall wirken. Es kann schwierig sein, aber Reden verringert den Druck.

Die Geschichte des Jungen veranschaulicht darüber hinaus, dass es sehr schwer sein kann, uns selbst zu verzeihen, wenn wir etwas tun, das wir später bereuen. Wir sind Menschen, und Menschen machen Fehler, und eben daraus lernen sie. Selbst Erwachsene lassen das Tiergehirn manchmal die Führung übernehmen, wenn es eigentlich unangebracht ist. Es fällt nicht jedem sofort leicht, seine Impulse zu kontrollieren. Dazu gilt es, vor allem jene Fähigkeiten zu entwickeln, die man benötigt, um mit Frustration umzugehen, flexibel zu sein, Probleme zu lösen und sich in andere hineinzuversetzen. Manch einer eignet sich diese Fähigkeiten ganz von allein in der Kindheit an, andere müssen das als Erwachsene nachholen. Zu lernen, erst nachzudenken, ehe man reagiert, ist ein langsamer Prozess, der Übung und Geduld erfordert und manchmal eben auch professionelle Hilfe. Genauso wie es Zeit braucht, im Fitnessstudio neue Muskeln aufzubauen, dauert es, die notwendigen neuen Verbindungen in unserem Gehirn zu schaffen.

Falls Sie feststellen, dass Sie nach einem Streit ganz unruhig sind und ein schlechtes Gewissen haben, geben Sie sich dieser Unruhe nicht komplett hin, sondern halten Sie einen Teil von sich zurück, der Ihnen dabei zusieht, wie Sie sich quälen. Der Teil von Ihnen, der Sie beobachtet – Ihr denkendes Gehirn –, kann dem sich sorgenden Teil sagen, dass es zwar in Ordnung ist, sich zu quälen und schuldig zu fühlen, wenn Sie es wollen, dass Sie es aber nicht müssen. Ebenso ist es in Ordnung, sich auszuweinen oder es sich von der Seele zu schreien (vor einem Baum oder vor einem verständnisvollen Menschen, der sich dazu bereit erklärt hat).

Alltagsweisheit
Wir müssen nicht schon alles durchdacht und geklärt haben, bevor wir anfangen zu reden – manchmal finden wir erst im Austausch mit anderen heraus, was wir eigentlich empfinden oder was uns bereits klar ist.

Außerdem gibt es einen Unterschied zwischen Gedanken und Denken. Uns gehen täglich Tausende von Gedanken durch den Kopf. Bleiben wir bei einem Gedanken hängen, wird daraus Denken; man befruchtet den Gedanken. Klinken Sie sich also bei den guten Gedanken ein, und lassen Sie die anderen vorbeiziehen. Genau so bekommen Sie nach und nach Ihre Sorgen unter Kontrolle.

Durchsetzungsfähigkeit als A und O

Nicht ohne Grund heißt es oft: »Es geht nicht darum, was du sagst, sondern wie du es sagst«, denn genau das erleben wir immer wieder. Das Wunderbare an achtsamer Kommunikation ist, dass sie in Ihrer Hand liegt. Sie können zwar nicht kontrollieren, wie andere Menschen handeln oder sich verhalten, aber sehr wohl, wie Sie mit ihnen darüber reden.

Die Frage, wie man das Gleichgewicht zwischen zu streng und fordernd und zu entspannt und nachsichtig findet, kommt vor allem in Bezug auf berufliche Gespräche und Beziehungen auf. Es ist ein Unterschied, ob ich Verantwortung für die eigene Reaktion übernehme und mir meiner Rolle in der Dynamik bewusst bin, oder ob ich es immer allen recht machen will. Schauen wir uns das Beispiel einer Geschäftsführerin an, die Angst vor Konflikten hat.

> Ich brauche Hilfe in meinem Berufsleben. Jeden Morgen rutscht mir das Herz in die Hose – ich fühle mich überfordert und unfähig. Alles ist ein Feuergefecht, und ich kämpfe mich nur durch und denke, geschafft, und dann geht am nächsten Tag alles wieder von vorne los, in Endlosschleife.
>
> Ich glaube, ich wurde zu weit befördert. Wahrscheinlich wegen einer familiären Verbindung. Ich leite ein großes Unternehmen, fühle mich aber wie eine Hochstaplerin und habe keine Ahnung, wie ich andere dazu bringen soll, etwas zu tun. Chefin zu sein liegt mir einfach nicht. Ich möchte, dass die anderen etwas tun, weil sie mich mögen. Ich »kommandiere« nie, sondern flehe die Leute jedes Mal förmlich an – eine Art »Bitte, bitte,

könntest du vielleicht …« mit Hundeblick dazu. Und das ist so anstrengend. Was Strategien angeht, bin ich, glaube ich, gar nicht schlecht, wäre da nur nicht der ganze Rest.

Die Hälfte der Zeit zerbreche ich mir den Kopf darüber, ob ich jemandem auf die Füße getreten bin, etwas Falsches gesagt habe oder missverstanden wurde; und ob ich nicht diesen oder jenen dazu bringen kann, mich zu mögen. Das ist alles so anstrengend. Vermutlich ist das schon mein ganzes Leben lang meine Philosophie. Ich glaube zwar nicht, dass es eine gute Strategie fürs Leben ist, aber ich weiß auch nicht, wie ich es sonst machen soll. Es kommt mir vor, als wäre ich nie richtig erwachsen geworden. Ich habe es auch mit einem Coaching für Manager versucht, aber das hat nichts gebracht.

Wer immer nur versucht, es anderen recht zu machen, bewirkt wahrscheinlich das Gegenteil von dem, was er eigentlich möchte, denn es kann durchaus nerven, wenn einem zu viel geschmeichelt wird. Wenn wir uns anderen zuliebe verbiegen, verlieren wir dabei oft unser Gleichgewicht und unser Urteilsvermögen. Jemand, der die Gefühle und Gedanken seines Gegenübers nicht berücksichtigt oder nicht berücksichtigen kann, hat allerdings auch ein Problem.

Der Raum, der zwischen Kommandieren und Ersuchen liegt, lässt sich recht leicht finden, wenn man sich überlegt, wie man selbst gern gebeten werden würde, etwas zu tun. Sie würden sicher nicht wollen, dass es derart defensiv und blumig geschieht, dass Sie gar nicht wissen, ob es sich nun um etwas Wichtiges handelt oder nicht. Genauso wenig möchten Sie herumkommandiert werden, als wären Sie ein willenloser Roboter oder Sklave, der nicht selbst entscheiden kann. Probieren Sie es also mit einer direkteren Kommunikation. Bleiben Sie auch hier bei Ich-Botschaften. Anstatt zu sagen: »Sie kommen immer zu spät zu Meetings«, versuchen Sie es mit: »Es kann uns unsere Klienten kosten, wenn Sie sie warten lassen. Ich möchte, dass Sie fünf Minuten vor Beginn des Meetings da sind.« Dabei lautet die allgemeine Regel: Nennen Sie die Folgen eines Verhaltens und erklären Sie dann, welches Verhalten Sie sich stattdessen wünschen.

Möchten Sie, dass jemand etwas für Sie tut, geben Sie dem oder der Betreffenden Optionen, aber nicht zu viele. Das kann auch außerhalb des Berufslebens nützlich sein. Wir erreichen mehr, wenn wir einem Angestellten sagen: »Darüber müssen wir heute noch reden. Passt es Ihnen besser persönlich oder telefonisch?«, statt ihm zu verkünden: »Darüber rede ich noch mit Ihnen«, oder ihn zu ersuchen und zu sagen: »Vielleicht können wir darüber noch kurz reden, wenn Sie eine Minute haben.« So stellen wir nicht infrage, ob das Gespräch stattfindet, geben ihm aber die Wahl, in welcher Form es stattfinden soll, sodass er sich wohler fühlt.

Frauen haben oft das Problem, dass ihnen von ihrem Umfeld und der Gesellschaft insgesamt beigebracht worden ist, sie sollten eher liebenswert als durchsetzungsfähig sein. Das zeigt sich schon darin, wie Frauen über sich sprechen, ob zu sich selbst oder zu anderen. Die Frau in unserem Beispiel wird entschlossener auftreten, wenn sie Sätze wie »Was Strategien angeht, bin ich, glaube ich, gar nicht schlecht, wäre da nur nicht der ganze Rest« ändert in: »Meine Stärke liegt darin, Strategien zu entwickeln.« Haben Sie einmal den Mittelweg zwischen Kommandieren und Ersuchen gefunden und sich darin geübt, werden Sie sich erwachsener fühlen. Sollten Sie wie die Frau aus dem Beispiel am Hochstaplersyndrom leiden, werden Sie es auf diese Weise abmildern können. Es wird Ihnen und den anderen besser gehen, wenn

Sie gegenseitigen Respekt anstreben, anstatt einfach nur gemocht werden zu wollen. Die besten Führungskräfte sind nicht die, die herrschen, sondern die, die zuhören, andere mit Respekt behandeln und Rückmeldungen anderer bei Entscheidungen berücksichtigen.

Wie alle anderen Ratschläge in diesem Kapitel – setzen Sie Ihre Aussagen in die Ich-Form anstatt in die Du-Form, vermeiden Sie Formulierungen wie »Du solltest« oder »Sie müssen«, und lassen Sie das »Ich habe recht und du nicht«-Spiel – können Sie auch das, was ihnen dabei hilft, Konflikte mit Kollegen zu bewältigen, im Gespräch mit Ihrer Schwiegermutter oder Ihrem Ehepartner, mit der besten Freundin oder dem Enkel anwenden. Menschen sind schließlich Menschen. Und zu lernen, entschlossen aufzutreten, wird Ihnen in allen Lebensbereichen von Nutzen sein.

Aus und vorbei

Bisher ging es in diesem Kapitel darum, Schwierigkeiten in einer Beziehung zu bewältigen. Manchmal lohnt es sich jedoch nicht, einen Konflikt zu lösen, da die Beziehung es nicht wert ist, sodass man besser die Bühne verlässt. Eine Beziehung zu beenden, ist selten so destruktiv, wie wir glauben, und kann der beste Weg voran sein (es sei denn, Sie haben die Angewohnheit, jede Beziehung zu beenden, dann könnten Sie sich dieses Muster einmal genauer anschauen). Die meisten kennen das aus gescheiterten Liebesbeziehungen, aber ich finde es wichtig, im Kopf zu behalten, dass eine Trennung auch bei anderen Beziehungsformen vorkommen kann – wir können unser eigenes Glück und Wohl in jeder Beziehung an erste Stelle setzen, selbst wenn das bedeutet, diese Beziehung zu beenden. Es mag die betreffende Person enttäuschen, aber unüberwindbare Differenzen bedeuten manchmal, dass eine Beziehung nicht weitergehen kann. Nicht jeder Mensch ist dazu bestimmt, für immer Teil unseres Lebens zu sein, und es ist in Ordnung, das anzuerkennen und dementsprechend zu handeln.

Dazu passt folgendes Beispiel von einer jungen Frau, die von einer Freundin gebeten wurde, ihre Brautjungfer zu sein.

> Sie ist seit fünf Jahren verlobt. Das Ganze musste wegen der Pandemie zweimal verschoben werden, und jetzt ist es für nächstes Jahr geplant.
>
> Als sie sich verlobte, war ich eine von sehr wenigen Freundinnen. Wir sind schon seit Jugendzeiten befreundet und sind früher viel zusammen ausgegangen, um zu trinken und zu feiern. Als sie anfing zu arbeiten, wurde

sie vernünftig und ehrgeizig, hat ihren Verlobten kennengelernt und sich häuslich niedergelassen. Ich bin aufs College gegangen und habe dort viele neue Freunde gefunden, und sie und ich haben uns voneinander entfernt. Es ist über vier Jahre her, dass sie mich gebeten hat, ihre Brautjungfer zu sein, und das wohl auch nur, weil es zu der Zeit sonst nicht viele Leute gab, die sie hätte fragen können.

Seitdem ist unsere Freundschaft immer mehr auseinandergegangen. Sie will sich wegen der Arbeit nie unter der Woche abends treffen, und am Wochenende geht sie auch nicht mehr gern aus. Etwa zweimal pro Jahr besuche ich sie zu Hause auf eine Tasse Tee. Sie erzählt von ihren Hochzeitsplänen, wir bringen uns gegenseitig kurz auf den neuesten Stand, und dann gehe ich wieder. Zwischendurch haben wir monatelang keinen Kontakt. Wir teilen keine Interessen, und wir haben auch keine gemeinsamen Freunde. Ich kenne noch nicht einmal ihren Verlobten. Keine von uns hat sich wirklich um unsere Freundschaft bemüht. Leider ist ihr eine perfekte Hochzeit aber extrem wichtig, noch etwas, wozu wir eine unterschiedliche Meinung haben. Mein Dilemma ist Folgendes: Ich habe einen schlecht bezahlten Job und kann es mir nicht leisten, für den Junggesellinnenabschied vier Tage irgendwo ins Ausland zu reisen. Ich möchte diese Verantwortung nicht mehr übernehmen. Ich will nicht beim Junggesellinnenabschied dabei sein, ich will keine Brautjungfer sein, ja nicht mal mehr zu der Hochzeit gehen. Meine Freunde meinen, ich sollte die Zähne zusammenbeißen, es sind ja nur ein paar Tage, aber ich wollte noch nie so sehr aus einer Sache rauskommen wie aus dieser.

Jede von uns hatte schon mal jemanden in ihrem Leben, der nur zu seinen Bedingungen Zeit mit uns verbringen wollte – dann und dort, wo es ihm passte. Diese Menschen geben sich längst nicht so viel Mühe wie wir, erwarten aber, dass wir ihnen bei allem entgegenkommen. Im Beispiel oben wird von unserer Heldin erwartet, ihr Versprechen als perfekte Brautjungfer einzulösen, und das Grauen davor schwelt in ihr. Falls sie sich aus dieser Situation befreit, bekommt sie dabei mehr als gespartes Geld und ein paar Tage Lebenszeit heraus: Sie wird sich auch von monatelanger Beklommenheit befreien. Es wird sich furchtbar anfühlen, die »Böse« zu sein, doch die Erleichterung darüber, nicht mehr bei dieser Scharade mitspielen zu müssen, wird sie entschädigen.

Ich an ihrer Stelle würde der zukünftigen Braut folgenden Brief schreiben:

> Liebe X,
> es tut mir sehr leid, denn ich weiß, dass ich vor Jahren versprochen habe, Deine Brautjungfer zu sein, und ein anständiger Mensch würde sein Versprechen halten. Jetzt aber, wo Deine Hochzeit näher rückt, merke ich, dass ich nicht mehr Brautjungfer sein möchte, nicht beim Junggesellinnenabschied dabei sein will und eigentlich auch nicht bei der Hochzeit. Mir ist klar, dass ich Dir keine gute Freundin bin, wenn ich mich da rausziehe, und das tut mir leid. Der Grund ist nicht nur, dass ich es mir nicht leisten kann, was zutrifft, ich möchte auch ganz einfach nicht dabei sein. Ich kann nicht so tun, als ob, und ich will Dir nicht Deinen Tag verderben, weil ich keine Begeisterung zeigen kann. Ich hoffe, Du wirst einen wunderbaren Tag haben, und es tut mir leid.
> Alles Liebe, Y.

Manchmal ist es schwer zu begreifen, dass wir mit jemandem, der uns einmal wichtig war, inzwischen nicht mehr viel gemeinsam haben, aber so etwas kommt vor. Falls Sie die Erlaubnis brauchen, jemanden aus Ihrem Leben zu verabschieden, weil er es mit Grauen erfüllt, so erteile ich sie Ihnen hiermit. Sie brauchen keine Entschuldigungen, Ihr Grauen ist Grund genug. Es ist sehr gut möglich, dass die betreffende Person das anders sieht und sich sehr verletzt fühlt. Aber einer von Ihnen wird ohnehin leiden – entweder Sie unter dem Grauen oder der andere unter der Verletzung. Befreien Sie sich, und erlösen Sie denjenigen, der bei Ihnen dieses Grauen verursacht, von der Geisel in seinem Leben.

Alltagsweisheit

Manchmal bedeutet authentisch zu sein, dass wir nicht so nett sind, wie wir gern wären. Wenn Ihnen das ein schlechtes Gewissen bereitet, denken Sie daran: Ein schlechtes Gewissen ist besser als Groll.

Bruch und Reparatur

Wenn wir uns hintergangen fühlen oder unser Vertrauen missbraucht worden ist, kann es schwer sein, der Person zu verzeihen, die uns wehgetan hat, und den dadurch aufgestauten Groll abzulegen. Das zeigt unter anderem die folgende Geschichte. Die Frau, die sich an mich wandte, ist seit vierzig Jahren verheiratet und war schockiert, als sie herausfand, dass ihr Mann dreißig Jahre davon eine Affäre hatte.

> Ich nahm versehentlich sein Handy, weil ich dachte, es sei meins, und da sah ich eine Nachricht von einer mir unbekannten Frau. Er und sie hatten einander regelmäßig geschrieben, sich verabredet, alles ganz zärtlich-liebevoll. Als ich ihn zur Rede stellte, erklärte er mir, sie hätten vor dreißig Jahren fünf Jahre lang eine Affäre gehabt. Er sagte, er habe es beendet, weil er ein schlechtes Gewissen hatte, auch wenn sie verzweifelt gewesen sei. Er schwört, er habe nie vorgehabt, mich zu verlassen. Sie haben den Kontakt dann wieder aufgenommen, wenn auch als Freundschaft und nicht als sexuelle Beziehung.
>
> Er hat sie weiterhin besucht, aber er streitet ab, dass irgendetwas Körperliches zwischen ihnen gelaufen sei, und er beharrt darauf, dass keiner von ihnen unsere Ehe gefährden wollte. Ich bin am Boden zerstört. Ich habe eine Seite von ihm gesehen, von der ich keine Ahnung hatte. Er betont immer wieder, dass es nur platonisch war, aber in seinen Nachrichten stand auch, dass er sie liebt, was er mir schon seit Jahren nicht mehr gesagt hat.
>
> In unserer Ehe gibt es schon lange keine Berührungen mehr. Ich war immer davon ausgegangen, dass er einfach

> nicht der Typ ist, der einem körperlich seine Zuneigung zeigt, aber selbst in den letzten so traumatischen Wochen hat er mich nicht in den Arm genommen. Ich habe ihm gesagt, dass Berührungen mich trösten würden, aber es scheint unmöglich.
>
> Ich habe das Gefühl, als hätte ihre Beziehung unserer ganz viel weggenommen. Er stimmt mir zu und hat sich dafür entschuldigt. Wir sind Anfang siebzig und haben Kinder und Enkelkinder. Der Gedanke, unsere Ehe zu beenden und unsere Familie zu belasten, kommt mir destruktiv vor. Wir haben uns darauf geeinigt, es noch einmal miteinander zu versuchen, aber ein Teil von mir fragt sich, ob ich nicht wahnsinnig bin, mit jemandem zusammenzubleiben, der so lange untreu war, sowohl sexuell als auch emotional. Ich stehe unter Schock. Bin ich dumm, schwach, erbärmlich? Können Paare sich von so etwas erholen?

Wohlgemerkt, ihre Frage an mich lautete nicht, ob sie ihre Ehe beenden sollten, sondern, ob es möglich für sie sei, sich als Paar von diesem Schock zu erholen. Zuerst möchte ich klarstellen, dass die Frau weder dumm noch schwach noch erbärmlich ist. Und ja, manche Paare erholen sich von so etwas, aber es kann sich so anfühlen, als würde man den Mount Everest besteigen. Manchmal leidet der betrogene Partner unter posttraumatischer Belastungsstörung, da sein emotionales Wohl bedroht und sein Gefühl von Sicherheit beeinträchtigt wurde.

Es wäre schwierig, unter eine solche Affäre einen Schlussstrich zu ziehen, ohne alles aufzuarbeiten – und zwar am besten mit einem Paartherapeuten. Als die Betrogene wird die Frau das Trauma, das die Affäre ausgelöst hat, und all die Momente, in denen sie an ihren Instinkten und ihrem Wirklichkeitssinn zweifelte, aufarbeiten müssen. Sie wird für diesen Teil des Prozesses viel Zeit brauchen, während es ihrem Mann gar nicht schnell genug gehen kann. Aber es ist wichtig, dass sie beide dranbleiben. Sie könnten eingrenzen, wann sie darüber reden, zum Beispiel nur während der Beratung und zu anderen festgelegten Zeiten, sodass es sie nicht überfordert und sie beide eine Struktur und eine Unterstützung für diese notwendigen Gespräche haben.

Wenn zwei Menschen in einer Beziehung – sei es eine Liebesbeziehung, eine Freundschaft oder eine Beziehung zwischen zwei Familienmitgliedern – einen Bruch erleben, müssen sie wahrscheinlich neue Wege der Kommunikation und des Zusammenseins erlernen, um zu reparieren, was zerbrochen ist. Sie werden wohl neue Wege finden müssen, um mit Konflikten umzugehen und Vertrauen aufzubauen. Vor allem aber müssen sie offen sein und ihre Gefühle, einschließlich ihrer Wut, sowie ihre Wünsche und Gedanken mitteilen, damit von Neuem Nähe und Wärme entstehen können. Sie müssen lernen, ihre Aufmerksamkeit von dem, was in ihrer Beziehung falsch ist, auf das zu lenken, was richtig ist – auf die Überbleibsel ihrer Liebe. Um wieder Vertrauen herzustellen, müssen sie sich zunächst diese liebevollen Verhaltensweisen angewöhnen, und erst dann können sie ansprechen, was sie stört. Wenn wir uns entscheiden, liebevoll und versöhnlich zu handeln, kann das erstaunlicherweise auch dazu führen, dass wir uns liebevoller fühlen. Gefühle folgen dem Verhalten. Das erfordert Übung. Intime, vertrauliche Gespräche helfen dabei, emotional auf eine Wellenlänge zu kommen, und das ist die Grundlage für jede Beziehung.

Ebenso schwer kann es sein, wenn man selbst den Bruch

verursacht hat. Der folgende Brief stammt von einem Mann, der ins Ausland gezogen ist und sich seitdem von seiner Tochter entfremdet hat.

> Ich bin 68 Jahre alt und geschieden. Vor fünfzehn Jahren ging ich ins Ausland, um dort ein neues Leben zu beginnen. Meine Tochter war damals 21, mit dem Studium fertig und lebte in einer WG in der Nähe ihrer Mutter. Es war der richtige Schritt für mich, und er trug dazu bei, dass ich beruflich sehr erfolgreich war. Ich habe mehrere gut laufende Unternehmen und eine internationale Wohltätigkeitsorganisation gegründet, die ich heute leite. Seit ich aus England weggegangen bin, hat sich auch privat bei mir viel Gutes getan, und ich habe wieder geheiratet.
>
> In der Zeit vor meinem Wegzug kamen meine Tochter und ich nicht besonders gut miteinander aus, weil sie und ihre Mutter sich zusammen gegen mich verschworen hatten. Ich war deprimiert, weil mein Leben dort mich nicht zufriedenstellte, und ihre Mutter hatte immer wieder psychische Probleme, was bedeutete, dass sie manchmal nicht für unsere Tochter da sein konnte. Anstatt unserer Tochter also gleich davon zu erzählen, dass ich entschieden hatte, wegzuziehen, verkündete ich es ihr erst eine Woche davor, als ich alles schon gepackt und organisiert hatte. Im Nachhinein bereue ich bitterlich, wie ich ihr die Neuigkeit überbracht habe. Leider haben wir uns nie versöhnt, und das bereue ich in meinem Leben am meisten.
>
> Ich glaube, der Grund für unsere Entfremdung war nicht, dass ich ins Ausland gezogen bin, sondern dass ich es ihr nicht eher gesagt habe. Ich bin schlecht damit umgegangen, und das hatte für uns beide verheerende Folgen. Ich kann mir vorstellen, dass sie sich von mir im

> Stich gelassen gefühlt hat, aber sie hat nie auf meine Anrufe reagiert, also weiß ich es nicht genau.
>
> Ich liebe mein Leben, wie es jetzt ist, aber ich bedauere sehr, dass meine Tochter kein Teil davon ist. Ich habe sie sehr geliebt. Ich weiß nicht, wie ich mit der Entfremdung umgehen soll, und das nagt an mir. Es kommt mir vor, als hätte sie mich aus ihrem Leben gelöscht. Meine Frau findet, ich sollte versuchen, wieder Kontakt mit ihr aufzunehmen, aber ich habe keine Ahnung, wie, und mit jedem Jahr, das vergeht, kommt es mir unmöglicher vor.

Wie traurig, dass dieser Mann seine Tochter nicht sieht. Trotz seines erfolgreichen Lebens ist es offensichtlich ein herber Verlust für ihn, dass sie nach wie vor keinen Kontakt haben.

Es gibt nicht die eine Form von Kommunikation oder eine bestimmte Art von Konflikt, die zu Entfremdung führt. Bei einem Bruch wie dem aus unserem Beispiel haben die Beteiligten oft eine völlig unterschiedliche Auffassung davon, wodurch er ausgelöst wurde. Eltern berichten beispielsweise in der Regel, es müsse an der Scheidung oder an ungerechtfertigten Anschuldigungen des Ex-Partners gelegen haben, wohingegen erwachsene Kinder als Grund meist schlechte Behandlung nennen wie Missbrauch, Vernachlässigung oder das Gefühl, dass sie von den Eltern nicht gesehen oder akzeptiert wurden und ihnen nicht wichtig waren.

Auch wenn es der Tochter aus dem Beispiel möglicherweise nicht gefallen hat, wie ihr Vater seinen Umzug ankündigte (sie hätte vielleicht gern eher mitbekommen, was bei ihm los war, oder sie hätte sich mehr Interesse seinerseits an ihr und ihrem Leben gewünscht), ist es doch wahrscheinlich nicht der Grund dafür, dass sie nichts mehr mit ihm zu tun haben will. Da die Entfremdung in der Regel nach einem Vorfall wie etwa der Ankündigung einer Scheidung – oder in diesem Fall des Umzugs – entsteht, nehmen wir häufig an, dieser Vorfall sei die Ursache für den Bruch, dabei ist nur selten ein einzelnes Ereignis dafür verantwortlich. Normalerweise ist es eine Anhäufung mehrerer Vorfälle und die Art und Weise, wie der andere diese Vorkommnisse erlebt und interpretiert hat.

Wäre ich in der Situation des Mannes – oder in einer vergleichbaren Situation, in der jemand, den ich liebe, die Beziehung zu mir beenden will –, würde ich meiner Tochter schriftlich oder mündlich mitteilen, wie traurig ich über die Entfremdung bin. Ich würde erklären, dass ich es gern aus ihrer Perspektive verstehen möchte, und sie bitten, dass sie mir hilft zu verstehen, was sie erlebt hat und wie sie dieses Erlebnis interpretiert hat. Sollte sie mir antworten, würde ich mich bemühen, alle Vorkommnisse und Gefühle wahrzunehmen, die sie bis an diesen Punkt geführt haben. Dann würde ich ihr gegenüber wiederholen, was sie gesagt hat, damit sie weiß, dass ich zugehört habe und nicht auf Abwehr gegangen bin. Jegliche Form von Verteidigung würde ihre Wut neu entfachen, und das wäre nicht im Interesse dieses Mannes.

Recht zu haben ist nicht der beste Weg, um einen Bruch zu reparieren. Am besten hört man zu, versteht und zeigt dann, dass man verstanden hat. Wenn die Person, mit der man wieder in Verbindung treten will, sich verstanden fühlt, dann – und nur dann und auch nur, wenn sie es wissen will – würde ich ihr erzählen, wie ich es erlebt habe. Was ich bedauere und was nicht. Egal, ob die Person auf meine Angebote eingegangen ist oder nicht, ich würde ihr versichern, dass ich immer an sie denke. Falls eher ich als Erste sterbe und mir diese Person so wichtig ist wie die oben erwähnte Tochter offenbar ihrem Vater, würde ich ihr in meinem Testament einen Bericht meines Lebens, Geld und ein Andenken an mich hinterlassen.

Es ist nie zu spät, sich um eine Versöhnung zu bemühen. Eine Garantie dafür, dass sie zustande kommt, gibt es nicht, aber wir können es versuchen. Wir können die Tür öffnen. Vielleicht geschieht nichts. Es geschieht aber viel wahrscheinlicher dann nichts, wenn wir hinter der verschlossenen Tür bleiben.

Es gibt so viele Arten zu streiten, wie es Menschen gibt. Die Fallstudien in diesem Kapitel sollen nicht als Schablonen dienen, denn jede Beziehung ist anders, und das Gleiche gilt für jeden Konflikt.

Dennoch hoffe ich, dass meine Analyse gängiger Muster in der Art und Weise, wie wir streiten, Ihnen dabei hilft zu erkennen, ob die Art, wie Sie mit anderen kommunizieren und in Beziehung treten, der richtige Weg für Sie ist oder nicht. Falls nicht, hat dieses Kapitel Ihnen hoffentlich einige Ideen mitgegeben, wie Sie Ihre Herangehensweise ändern könnten. Das Ziel besteht nicht darin, jeden Streit zu vermeiden oder gewinnen zu wollen. Es besteht darin, sich weiterzuentwickeln, Verständnis füreinander zu erlangen und Kompromisse zu schließen und so letztlich authentische und stärkere Beziehungen zu führen.

3. WIE WIR UNS VERÄNDERN KÖNNEN

Sich im Neuen zurechtfinden, was auch immer geschieht

Mit unseren Gewohnheiten mögen wir uns vormachen, das Leben könne zum Stillstand kommen oder es gebe so etwas wie »für immer«, doch in Wirklichkeit gibt es nur eine Konstante im Leben, und die heißt Veränderung. Aus Säuglingen werden Kinder, die zu Erwachsenen werden, die alt werden, und irgendwann ist das Leben vorbei. Welche Wendungen Ihr Leben auch immer nimmt, Veränderung ist die eine allgemeine Regel, die keine Ausnahme kennt.

Ein psychisch gesunder Mensch akzeptiert dies und passt sich entsprechend an den Fluss des eigenen Lebens und des der Menschen um sich herum an. Und trotzdem ist Veränderung nicht immer leicht zu akzeptieren oder einfach zu bewerkstelligen. Manchmal fürchten wir uns vor ihr, können sie aber nicht aufhalten, manchmal sehnen wir uns nach ihr, wissen aber nicht, wie wir sie herbeiführen sollen. Vielleicht haben wir das Gefühl, dass unser Leben in einer Sackgasse steckt, oder wir wollen alte Gewohnheiten aufgeben und neue entwickeln.

Dieses Kapitel soll Ihnen helfen, sich der Veränderung zu stellen und sich darüber klar zu werden, wie Sie zu ihr stehen. Vielleicht hilft es Ihnen herauszufinden, ob und wo Sie Ihren Umgang mit ihr ändern möchten, und gibt Ihnen einige Anregungen, wie Sie das in die Praxis umsetzen können. Vor allem aber hoffe ich, dass Ihnen dieses Kapitel Selbstvertrauen und Sicherheit vermittelt, um mit Neuem und Unbekanntem zurechtzukommen.

Wie man aus der Sackgasse herauskommt

Ich erhalte jede Menge E-Mails, in denen es darum geht, wie schlimm sich andere verhalten, wie furchtbar das unser Leben macht und wie man mit diesen schrecklichen anderen umgehen soll. Meine Antwort ist für die Fragesteller häufig enttäuschend, weil ich erwidere, dass wir bei uns selbst anfangen müssen, wenn wir etwas ändern wollen. Wir müssen ausreichend Eigenwahrnehmung dafür entwickeln, wie unsere Gefühle und unser Verhalten zustande kommen.

Nehmen Sie sich zum Beispiel einen Moment Zeit, auf Ihren Atem zu achten. Sobald Sie bewusst wahrnehmen, wie Sie atmen, werden Sie Ihre Atmung vermutlich verlangsamen und sich infolgedessen ruhiger fühlen. Dieses Prinzip trifft auf sehr viel mehr zu als nur auf Ihre Atmung. Erst wenn Ihnen bewusst ist, wie Ihr Körper, Ihre Gedanken und Ihre Sichtweisen funktionieren und wie Sie auf andere wirken und in welcher Beziehung Sie zu ihnen stehen, können Sie etwas ändern. Um einen Durchbruch zu erzielen, der Ihr Leben besser macht, bedarf es Zeit, Aufmerksamkeit und Übung.

Wenn wir möchten, dass etwas anders wird, neigen wir dazu, uns die Veränderung von außen zu wünschen – in Gestalt eines Erlösers wie beispielsweise eines Märchenprinzen, in Form eines Lottogewinns, oder indem sich unser Partner grundlegend ändert. Das ist ganz normal. Doch nur weil Passivität normal ist, heißt das noch lange nicht, dass sie zum Ziel führt. Ich erhielt den nachfolgenden Brief von einem Mann, der sich in der Vergangenheit gefangen fühlt, weil er an nichts anderes als an seine alte Flamme denken kann und es nicht schafft, den nächsten Schritt im Leben zu wagen. Statt sich dafür zu interessieren, welchen Anteil er an diesen Gefühlen hat, macht er lieber andere dafür verantwortlich.

Vor vierzig Jahren hatte ich während des Studiums eine sehr innige Beziehung mit einer jungen Frau. Als sie Schluss machte, hat sie die Trennung auf eine Weise in die Länge gezogen, die mich als Wrack zurückgelassen hat. Ich hatte einen Nervenzusammenbruch, den aber kaum jemand mitbekam. Ich habe mich durch mein Studium gekämpft, und dann ging das Leben weiter, auch wenn ich das Trauma, sie verloren zu haben, nie überwunden habe. Meine zuvor vielversprechende Universitätslaufbahn scheiterte, und das »Was hätte sein können« lässt mich seither nicht mehr los. Meine verlorene Liebe hat übrigens eine glänzende Karriere an der Uni hingelegt, während ich wegen meiner Depressionen jahrzehntelang immer wieder in Therapie war.

Vor dreißig Jahren lernte ich die Frau kennen, mit der ich heute verheiratet bin. Wir sind sehr glücklich zusammen gewesen und haben zwei wunderbare Kinder – sie ist eine fantastische Mutter. Doch als meine verlorene Liebe vor einem Jahr wieder Kontakt zu mir aufnahm, löste das eine immense Krise bei mir aus. Ich bin mit ihr in Verbindung geblieben, aber wir haben uns nicht getroffen. Immerhin konnte ich mich auf diese Weise mit vierzig Jahre alten Themen auseinandersetzen und bin nun sehr viel glücklicher.

Meine Frau hingegen ist überzeugt, dass sie nur zweite Wahl gewesen ist. Ich habe ihr das Versprechen gegeben, sie immer wissen zu lassen, wenn meine Ex-Freundin und ich uns schreiben, und das habe ich auch eingehalten,

> obwohl es sehr schwierig ist, weil sich meine Frau jedes Mal ärgert. Außerdem habe ich das Gefühl, dass sie mir hinterherspioniert. Die Kontaktaufnahme geht selten von mir aus. Meine ehemalige Geliebte hat keine Anstalten gemacht, weiterzugehen; sie ist Single und will auf keinen Fall als Verführerin dastehen. Ich möchte die Freundschaft mit ihr aufrechterhalten; sie ist der einzige Mensch, den ich aus diesem Abschnitt meines Lebens noch kenne. Mich mit den Traumata der Vergangenheit auseinanderzusetzen und eine neue Beziehung zu ihr aufzubauen, hat mir sehr gutgetan, nur die Reaktion meiner Frau ist schwer zu ertragen. Jetzt Schluss zu machen, würde bedeuten, wieder jemanden zu verlieren, an dem ich noch hänge.

Als Frau dieses Mannes würde es mich nicht gerade beruhigen, dass er seine ehemalige Freundin als seine »verlorene Liebe« bezeichnet. Abgesehen davon klingt es, als würde er weder Verantwortung für sein Handeln übernehmen noch dafür, wo er in seinem Leben steht. Vielmehr scheint er sein Umfeld dafür verantwortlich zu machen, wie er sich fühlt und was ihm widerfährt – Dinge scheinen ihm einfach zuzustoßen. Dass er die Affäre zu der anderen Frau nicht aufleben lassen wird, weil *sie* nicht als Verführerin dastehen möchte, ist offenbar das Einzige, was er als Beruhigung anzubieten hat. Er scheint davon auszugehen, dass er keinerlei Einfluss hat. Doch statt sich als Spielball zwischen seiner alten Freundin und seiner Frau zu betrachten, sollte er sich lieber fragen, wie er an diesen Punkt in seinem Leben geraten ist.

Wenn Menschen nicht weiterkommen, ist ihnen häufig überhaupt nicht bewusst, dass sie eine Wahl haben, wie sie auf ihre Umwelt reagieren. Das Leben scheint ihnen einfach zu widerfahren, ohne dass sie Verantwortung für ihr Handeln oder Nichthandeln oder die daraus resultierenden Folgen übernehmen müssen. Als würden sie auf der Rückbank ihres Lebens sitzen, unzufrieden darüber, dass der Fahrer sie nicht ans gewünschte Ziel bringt. Es stimmt, manchmal passieren wunderbare Dinge einfach so: Leute gewinnen in der Lotterie (falls sie ein Los kaufen) oder sind zufällig zur richtigen Zeit am richtigen Ort. Manche Dinge wiederum sind reine Glückssache – wie in die Privilegien des globalen Nordens hineingeboren zu werden oder eine hochkarätige Ausbildung zu erhalten –, doch auch wenn Glück zweifelsohne hilfreich ist, auf Glück allein dürfen wir uns nicht verlassen.

Bestimmte Erfahrungen können dazu führen, dass wir eine Opfermentalität ausbilden. Wir werden hypervigilant und beginnen, jede Situation auf uns zu beziehen. Was zunächst wie ein Teil unserer Identität wirkt, ist in Wirklichkeit jedoch eine Anpassungsstrategie an unser Umfeld, und diese lässt sich ändern.

Der Opfermodus lässt sich unter anderem daran erkennen, dass wir eine Liste von Gründen vorbringen, warum keine uns angebotene Lösung funktionieren wird, eine Reaktion, welche Menschen, die uns helfen wollen, natürlich verwirrt oder frustriert. Ein Opfer zu sein hat keinerlei Vorteile, sich im Opfermodus zu befinden hingegen schon, denn so brauchen wir keine Verantwortung für das zu übernehmen, was uns in unserem Leben widerfährt, und können andere für alles Negative verantwortlich machen. In solchen Momenten ist es hilfreich, sich in Erinnerung zu rufen, dass wir zwar nicht für das Verhalten anderer verantwortlich sind, sehr wohl aber dafür, wie wir auf sie reagieren. Unsere

Reaktionen, unsere Prioritäten, unsere Sichtweisen lassen sich ändern. Ich denke an den österreichischen Psychiater Viktor Frankl, der während des Zweiten Weltkriegs in einem Konzentrationslager gefangen gehalten wurde. Selbst angesichts völliger Machtlosigkeit war ihm bewusst, dass es in seiner Hand lag, wohin er seinen Geist lenkte. Es stand in seiner Macht, Sinn in seinem Leben zu finden; statt die KZ-Aufseher in seinen Kopf eindringen zu lassen, konnte er kontrollieren, welche Gedanken er zuließ.

Wenn wir nur andere für unsere Gefühle und für das, was uns in unserem Leben widerfahren ist, verantwortlich machen und alles als Pech abtun, setzen wir uns nicht damit auseinander, welchen Beitrag wir selbst dazu leisten, dass wir in einer Sackgasse stecken; gleichzeitig verschließen wir uns vor Lösungen, die uns aus unserer festgefahrenen Situation herausbringen könnten. Statt enttäuscht darüber zu sein, wenn sich unbewegliche Objekte nicht unserem Willen beugen, sollten wir kontinuierlich lernen, uns anzupassen und mit dem Auf und Ab unserer Lebensumstände umzugehen. Wie der Motivationsredner Ed Foreman sagt: »Wenn wir tun, was wir immer tun, bekommen wir, was wir immer bekommen haben.« Lieb gewonnene

Alltagsweisheit
Die kurze Antwort auf die Frage, wie wir aus einer Sackgasse herauskommen, lautet, Verantwortung für unser Handeln und unsere Sichtweisen zu übernehmen. Identifizieren Sie Ihre Verhaltensmuster, stellen Sie fest, ob sie eine Antwort auf die Vergangenheit sind, und beginnen Sie dann, Ihren jetzigen Lebensumständen entsprechend zu handeln.

Gewohnheiten zu verändern, erfordert allerdings Achtsamkeit und Willensstärke.

Wir alle prägen als Reaktion auf unser frühes Umfeld Verhaltensmuster aus. Unbewusst entwickeln wir gute Strategien, die uns dabei helfen, in diesem Umfeld zu überleben oder vielleicht sogar zu gedeihen. Im Laufe unseres Lebens können sich diese Schutzmechanismen jedoch als überholt erweisen, etwa wenn wir in die Schule kommen oder auf die Universität wechseln oder von dort ins Berufsleben. Wenn Sie beispielsweise Ihre Kindheit überlebt haben, indem Sie still und unsichtbar waren, weil Sie schon früh gelernt haben, dass Sie auf diese Weise vermeiden konnten, geschlagen oder angeschrien zu werden, verhindert Ihre Strategie, sich eher bedeckt zu halten und wenig zu sagen, nun eventuell, dass Sie auf der Arbeit wahrgenommen werden oder die erhoffte Beförderung bekommen. Es ist bestimmt auch nicht die beste Strategie, um Freunde oder einen Partner zu finden. Womöglich bestand Ihr erster Schutzmechanismus aber auch darin, immer nur der Clown zu sein, weil es zu Ihrer Beliebtheit beitrug und Ihre wahren Gefühle schützte. Witze gehören unbedingt zum Leben, doch falls sie Ihre einzige Form der Kommunikation sind, werden Ihnen gewisse Nuancen zwischenmenschlicher Beziehungen entgehen.

Der erste Schritt, sich von eingefahrenen Verhaltensweisen zu lösen, besteht darin, sich der Muster bewusst zu werden, die uns in der Sackgasse festhalten. Sie lassen sich unter Umständen nicht so genau benennen, weil sie ein Teil von uns geworden sind, und womöglich bekommen wir überhaupt nicht mit, dass wir auf sie zurückgreifen, doch wenn wir wachsen und uns an neue Lebensumstände anpassen wollen, müssen wir diese Muster ändern. Mit etwas Glück weisen uns gute Freunde liebevoll auf sie hin. Haben wir sie erst einmal identifiziert, können wir beginnen, auf unsere Gegenwart zu reagieren, wie sie tatsächlich ist, statt wie in der Vergangenheit zu handeln.

Kommen wir noch einmal auf die Zuschrift des Mannes zurück. Ich denke, es ist an der Zeit für ihn, sich Gedanken zu machen, inwiefern seine Muster und Gewohnheiten dazu beitragen, dass er auf der Stelle tritt. Er sollte sein Opferdenken hinterfragen und sich von dem innerlich verletzten, liebeskranken unrealistischen Teenager lossagen, der ihn seit vierzig Jahren gefangen hält. Und der Einzige, der ihn aus seinem Gefängnis befreien kann, ist er selbst. Er braucht nicht länger ein Spielball zu sein, der zwischen seiner »verlorenen Liebe« und seiner Frau hin und her geworfen wird, sondern kann selbst entscheiden, was er für sich möchte. Ob das heißt, mit seiner Frau zusammen zu sein, mit seiner »verlorenen Liebe« oder mit keiner von beiden – es liegt an ihm, er kann sich auf den Fahrersitz setzen und in die entsprechende Richtung steuern. Der Nachteil daran ist natürlich, dass er die Verantwortung für die Folgen seines Handelns übernehmen muss und nicht in sein altes Muster zurückfallen kann, anderen die Verantwortung zuzuschieben.

Dass wir uns in einem alten Muster verrannt haben, lässt sich auch daran erkennen, dass unser selbstzerstörerisches Mantra uns in einem dauernden Angstzustand festhält. Angst verhindert, dass wir unsere Meinung sagen, nachdem wir zum Stummsein konditioniert wurden, oder sie sorgt dafür, dass wir uns hinter einem Witz verstecken, statt authentisch zu sein. Wir fürchten uns davor, unsere Abwehrmechanismen aufzugeben, und erfinden Ausreden, um sie beizubehalten. Ein Klient erzählte mir einmal, der Versuch, anders zu reagieren, fühle sich für ihn an, als wolle er mit einem Schritt den Grand Canyon überqueren. Auch nur den

Fuß über den Rand zu heben, sei ihm wie ein Sprung in den Tod vorgekommen. Sobald er aber schließlich den Fuß gehoben habe, sei das andere Ufer plötzlich ganz nah gewesen und er sei auf festem Boden gelandet.

Haben wir erst einmal verstanden, was uns davon abhält, die Vergangenheit hinter uns zu lassen und Verantwortung für uns und unser Handeln zu übernehmen, können wir uns darum kümmern, was wir brauchen und wollen. Es ist nicht einfach, aber das Wunderbare am Älterwerden ist, dass wir lernen, mehr Kontrolle über unser gegenwärtiges Leben zu haben, statt uns weiterhin von unserer Vergangenheit beherrschen zu lassen.

Veränderung kann befreiend sein

Veränderung kann schwierig, aber auch befreiend sein: eine Chance, uns von dem »Sollen« zu lösen, das wir verinnerlicht haben. Stattdessen können wir auf unsere Gefühle hören und auf unsere Bedürfnisse eingehen. Veränderung kann eine Herausforderung darstellen, trotzdem ist sie in vielen Fällen wünschenswert. Wir brauchen Stimulation. Unsere Fähigkeit, auf neue Weise zu reagieren, wenn sich unsere Umstände, unser Umfeld oder unser Körper verändern, hält uns emotional fit.

Reisen an uns bislang unbekannte Orte vermitteln uns durch die neuen Eindrücke, Gerüche und anderen Kulturen frische Impulse. Ein solcher Tapetenwechsel und die damit verbundenen Anregungen können unser Selbstwertgefühl stärken. Bei Experimenten, die unfairerweise an Ratten vorgenommen wurden, zeigte sich jedenfalls, dass die Tiere die Auswirkungen von Gift in einer stimulierenden Umgebung besser tolerieren konnten als bedauernswerte Ratten, die in ihrer gewohnten Umgebung festsaßen. Das Experiment lässt sich nicht mit Menschen wiederholen, aber es zeigt, dass unsere Emotionen körperliche Auswirkungen haben können. Und dabei geht es nicht nur um Urlaub in anderen Ländern. Wir erschaffen durch die Menschen, die uns beeinflussen, durch die Bücher, die wir lesen, die Geschichten, die in uns nachhallen, und die Art und Weise, mit uns selbst zu sprechen, eine innere Landschaft. Selbst wenn wir auf unser äußeres Umfeld keinerlei Einfluss haben – Sie erinnern sich an Viktor Frankl? –, steht es uns normalerweise frei, unseren Geist zu unserem Vorteil einzusetzen. Oder eben zu unserem Nachteil.

Ich bekomme viele Zuschriften, in denen Menschen ihre Ruhelosigkeit, Nervosität oder Unzufriedenheit beschreiben, und diese Gefühle können ein Anzeichen dafür sein, dass Veränderung entweder im Gange oder aber notwendig ist. Es kann sich allerdings auch nur um ein altes Muster handeln, nie etwas durchzuhalten – darauf werde ich später noch eingehen. Die Frau, die im nachfolgenden Brief beschreibt, dass sie jede Lust und Begeisterung verloren hat, ist ein gutes Beispiel für jemanden, dem eine Veränderung durchaus guttun könnte.

> Ich bin 37, habe einen liebevollen Mann und ein wunderbares Kind und arbeite in der Kreativbranche. Leider bin ich schon seit langer Zeit nicht mehr glücklich in meinem Beruf und habe das Gefühl, in einer Sackgasse zu stecken. Manchmal breche ich in Tränen aus, weil ich einfach nicht mehr weiß, was ich mit meinem Leben anfangen soll. In der Schule war ich eine Überfliegerin (habe mich angestrengt, gute Noten bekommen und dann eine renommierte Uni besucht), doch meine jetzige Position bietet wenig Entwicklungsmöglichkeiten, und ich weiß nicht, ob ich überhaupt noch weiter in diesem Beruf bleiben will.
>
> Allmählich wird mir bewusst, dass ich nach all der Zeit, die ich damit verbracht habe, die Erwartungen anderer zu erfüllen, eigentlich überhaupt keine Vorstellung mehr davon habe, was ich will. Außerdem schäme ich mich dafür, was ich in meinen Zwanzigern alles hingenommen habe. Damals bin ich Männern hinterhergelaufen, obwohl ich genau wusste, dass ich sie eigentlich nicht mochte, auf der Arbeit habe ich alle möglichen Zusatzaufgaben übernommen, weil sie sich angeblich gut in meinem Lebens-

> lauf machen würden, bin aber trotzdem nur selten befördert worden.
>
> Ich bin zwar erleichtert, dass mir mein Verhalten endlich bewusst geworden ist, trotzdem habe ich Angst, dass es zu spät sein könnte. Ich habe mich für andere Jobs beworben, doch kaum eine Firma will eine Mutter, die auf die 40 zugeht. Und wie ich schon sagte, ich bin nicht einmal sicher, dass ich in dieser Branche bleiben möchte. Bitte helfen Sie mir.

Häufig bekommen wir schon früh von unseren Eltern oder der Gesellschaft strenge Regeln vermittelt und dass man sein Leben auf eine bestimmte Weise leben soll. Viele von uns, die diese externen Botschaften verinnerlichen, glauben, wir sollten uns in der Schule anstrengen und eine Universität besuchen, in einer wettbewerbsorientierten Branche arbeiten und es dort bis ganz nach oben schaffen. Für viele Menschen mögen diese eingefahrenen Gleise passen, aber bei Weitem nicht für alle. Im Leben der oben erwähnten Frau scheint irgendetwas oder irgendjemand das Lenkrad gestohlen zu haben – und ihre Aufgabe besteht darin, es sich zurückzuholen.

Ich denke aber, ihre Unzufriedenheit rührt vor allem daher, dass sie eine Art Brettspiel mit Jahren und Etappenzielen im Kopf hat – und welche Etappenziele sie in welchem Jahr erreicht haben sollte. Bislang hat sie sich, was die Arbeit anbelangt, vor allem darauf konzentriert, gut sichtbar das Richtige oder eher Dinge für ihren Lebenslauf zu tun, statt für ihre Zufriedenheit in der Gegenwart zu sorgen. Ich frage mich, wie viele von uns verantwortungsvolle hochqualifizierte Jobs ausüben, obwohl wir beispielsweise lieber Hundesitter wären. Und vielleicht sind es nicht nur finanzielle Gründe, warum wir in einem Beruf arbeiten, den wir unbefriedigend finden, sondern auch die Sorge, was andere über uns denken könnten. Dem »Sollen« verhaftet, das wir alle verinnerlicht haben, haken wir sämtliche Kästchen ab, die man von uns erwartet. Keine hilfreiche Strategie, aber man verfällt ihr leicht.

Wir gewöhnen uns daran, von anderen gesagt zu bekommen, was wir wollen, was wir brauchen und was wir tun sollen. Mir ist aufgefallen, dass vor allem sehr unbewegliche Menschen, die niemand Neuen in ihr Leben lassen können oder zumindest nicht für längere Zeit, an ihren alten Werten festhalten oder an den Personen, die sie ihnen vermittelt haben. Das macht eine Kursänderung schwierig, aber nicht unmöglich. Was würde geschehen, wenn die oben erwähnte Frau ihren frühen Erfahrungen weniger Bedeutung beimessen würde und sich stattdessen zugestände, mehr im Hier und Jetzt zu leben?

Wenn Sie sich ruhelos fühlen, aber trotzdem nur schwer benennen können, was genau Sie ändern möchten, dann setzen Sie sich nicht unter Druck, es herauszufinden. Versuchen Sie es stattdessen mit folgender Übung: Was kommt Ihnen in den Sinn, wenn Sie über »Beschäftigung und Begeisterung« nachdenken? Denken Sie die Wörter »Bereicherung« oder »Erfüllung« – was fällt Ihnen dazu ein? Schreiben Sie diese Wörter auf, machen Sie sich Gedanken und schauen Sie, was Ihnen in den Sinn kommt. Betrachten Sie diese Übung als eine Art meditatives Brainstorming; lehnen Sie keine der Ideen ab – damit vertreiben Sie womöglich die anderen. Übereilen Sie nichts. Notieren Sie sich die Bilder oder Wörter, die Ihnen bei dieser Übung einfallen. Dann betrachten Sie sie noch einmal eingehender und stellen Sie fest, was für Sie hängen bleibt. Ich denke auch, es ist hilfreich, die eigenen Träume aufzuschreiben und zu sehen, welche Gefühle und Bilder immer wieder darin auftauchen. Träume liefern oft nützliche Metaphern, die uns helfen können, unsere Bedürfnisse herauszufinden. Entscheidend ist, dass Sie während dieser Übung auf Ihre Gefühle hören. Sie können Ihnen die nötige Motivation geben, die Veränderungen vorzunehmen, die Ihnen helfen werden, ein erfülltes Leben zu führen. Ohne Gefühle werden Sie unmöglich herausfinden, was Sie wollen, und wenn Sie nicht wissen, wonach Sie sich sehnen, wie können Sie es dann anstreben?

Wenn wir an einem Scheideweg stehen, erstarren wir manchmal vor Angst, die falsche Entscheidung zu treffen. Vielleicht können wir durch Passivität ja auch Fehler vermeiden? Allerdings ist keine Entscheidung trotzdem eine und kann, wie andere auch, die falsche sein. Ob wir richtig gehandelt haben, lässt sich meiner Meinung nach erst rückblickend beurteilen, und das kann eben im betreffenden Moment keiner von uns. Fehler und Fehlschläge sind notwendig, wenn wir wachsen wollen. In der Psychotherapie bezeichnen wir sie manchmal als »eine weitere verdammte Möglichkeit zu lernen«.

Alltagsweisheit

Um zu wissen, welche Richtung wir im Leben einschlagen sollten, müssen wir uns unserer Gefühle bewusst sein. Verstehen wir unsere Gefühle, können wir unsere Wünsche herausfinden, und wenn wir wissen, was wir uns wünschen, können wir es anstreben.

Ich erinnere mich an eine Zeit in meinem Leben, in der ich extrem ruhelos war. Es war so schlimm, dass ich meine Stelle als Rechtsanwaltsgehilfin aufgab und mich in ein Kunststudium stürzte. An der Kunstakademie hoffte ich andere kreative Menschen zu treffen, die mir die ersehnten Impulse geben würden. Allerdings musste ich feststellen, dass die Juristen, die ich hinter mir gelassen hatte, gebildeter, reflektierter und interessanter waren als die Kunststudierenden. Also weitete ich meine Suche nach etwas oder jemandem auf Abendkurse aus. Mich für einen Filmkurs einzuschreiben, hat mich nicht verändert. Einen Kurs für Kreatives Schreiben zu belegen, hatte hingegen weitreichende Folgen.

Der Kurs muss etwas in Gang gebracht haben, denn am Ende wurde ich Autorin, Journalistin und Rundfunkmoderatorin. Dies wiederum führte zu meinen Büchern, einschließlich dem vorliegenden. In der Regel vergesse ich alle anderen Kurse, die ich ausprobiert habe, die mir aber wenig gebracht haben, und doch bin ich froh, dass ich die Suche nach dem passenden trotzdem nicht aufgegeben habe. Zu schnell das Handtuch zu werfen, ist so leicht. Ich habe gesucht, bis ich den Kurs gefunden habe, der mich inspiriert hat, und dasselbe habe ich getan, bis ich einen Partner gefunden habe, mit dem ich zusammen sein wollte.

Es ist ganz normal, wenn man nach sechs schiefgelaufenen Versuchen aufgibt und denkt, *Ich kann das nicht, und das ist einfach nichts für mich* – ganz egal, ob es dabei um Vorstellungsgespräche oder Online-Dating geht. Wir tun uns vermutlich aber einen Gefallen, wenn wir diese Einstellung ändern. Wenn nur einer von fünfzig Kaltakquise-Anrufen zu einem Verkauf führt – das Motivationsmantra, das erfolgreiche Verkäufer immer und immer wieder herunterbeten –, dann bringt einen jeder erfolglose Anruf einem Verkauf näher. Mit dieser Einstellung klingen sie bei jedem Anruf begeisterter, und je mehr Enthusiasmus sie wiederum an den Tag legen, desto wahrscheinlicher werden sie Erfolg haben. Und wie Ihnen jeder Verkäufer des Jahres bestätigen wird, diese Strategie ist erfolgreich. Seien Sie weniger pessimistisch und mehr Verkäufer.

Wie sich etwas entwickeln wird, lässt sich nie vorhersagen. Mein Rat lautet, möglichst viel auszuprobieren, auf dass das Leben hoffentlich ein großes aufregendes Abenteuer voller Entdeckungen wird. Das Tolle ist, dass man jederzeit etwas Neues anfangen oder eine Umschulung für einen neuen Job oder Beruf machen kann, oder Sie nehmen sich, wenn es Ihre finanziellen Mittel erlauben, eine Auszeit, um andere Dinge auszuprobieren und herauszufinden, was Ihnen gefällt. Ein Freund von mir hat noch mit achtzig eine neue Firma in der Kreativbranche mitbegründet, man hat also keineswegs verloren, wenn man in einem gewissen Alter noch kein bestimmtes Etappenziel erreicht hat. Wir müssen dieses Spiel nicht mitspielen. Verlassen Sie die eingefahrenen Gleise und suchen Sie sich ein anderes Spiel.

Alltagsweisheit
Seien Sie nicht so pessimistisch, wenn es darum geht, neue Dinge auszuprobieren. Selbst wenn Ihr Versuch fehlschlägt, sind Sie Ihrem Ziel einen Schritt näher gekommen.

Das größte Risiko besteht meiner Meinung nach darin, an einem Platz auszuharren, an dem man unglücklich ist oder der einem das Leben fade erscheinen lässt. Würden Sie Ihren Job, Ihren Partner oder Ihr Zuhause hingegen alle zwei Wochen wechseln, bestünde Ihre neue Erfahrung darin, herauszufinden, was Sie lernen könnten, wenn Sie etwas ausprobieren und am Ball blieben. Es gibt kein Patentrezept, aber ein Ansatz, der für viele funktioniert, besteht darin, sich zu fragen: Wovor habe ich Angst? Wovon halten mich meine Ängste ab? Was würde geschehen, wenn Sie etwas tun würden, vor dem Sie Angst haben? Betrachten Sie Momente der Veränderung nicht als das beängstigende Unbekannte, sondern als Gelegenheit, Ihre Sehnsüchte zu entdecken und zu verwirklichen. Anfangs wird es sich anfühlen, als würden Sie ein Seil loslassen, ohne zu wissen, wo der Boden ist. Das kann furchterregend sein. Doch in den meisten Fällen befindet sich der feste Boden nur ein paar Zentimeter unter Ihren Füßen.

Wie man eingefahrene Gewohnheiten ändert

Manchmal kommen meine Klienten zu spät zur Psychotherapie. »Die U-Bahn ist stecken geblieben – es tut mir leid.« Passiert es ein Mal, gehe ich darüber hinweg. Manche Klienten kommen allerdings ständig zu spät und sind außer Atem, wenn sie vor der Tür stehen. Es sind vielleicht bloß fünf oder zehn Minuten, aber eben jedes Mal. Da werde ich dann schon neugierig, welches Muster sich hinter ihrem Zuspätkommen verbirgt, was es zu bedeuten hat und welchem Zweck es dient.

Gründe für Unpünktlichkeit gibt es vermutlich ebenso viele wie Menschen, die laufend zu spät kommen. Ein Klient erinnerte sich daran, dass seine Mutter immer so lange im Bad herumtrödelte, dass er ihretwegen zu spät zur Schule kam. Sie erklärte ihm, das mache überhaupt nichts und Menschen, die immer zu früh kämen, würden auch alles andere zu eng sehen. Unterbewusst empfand er Pünktlichkeit als Illoyalität seiner Mutter gegenüber und hielt sie deshalb für etwas Schlechtes. Sobald er diese Erklärung gefunden hatte, war er nicht länger zwanghaft unpünktlich. Manche Klienten sind auch einfach zu optimistisch, wenn es darum geht, wie viele Dinge sie unter einen Hut bringen können oder wie lange sie brauchen, um beispielsweise vom Büro ins Restaurant zu kommen, erst recht, wenn es sich in der Nähe befindet. Meine Lektorin und ich essen häufig in einem Café neben ihrem Büro zu Mittag, und weil sie erst um 13 Uhr losgeht, kommt sie immer exakt sieben Minuten zu spät. Bestimmt ist sie überzeugt, sich ins Café beamen zu können, doch dann hat sie in der Lobby noch mit einer Kollegin geplaudert und auf den Aufzug gewartet, und so kommt sie eben sieben Minuten zu spät.

Manche Zuspätkommer beschließen, ihre notorische Unpünktlichkeit einfach hinzunehmen, weil sie vermeintlich sowieso nichts daran ändern können. Häufig reden wir uns defätistisch ein: »So bin ich nun mal« oder »Ich kann das nicht ändern«, doch wir können solche Ausreden bemerken und entscheiden, trotzdem zu experimentieren. Nur weil wir irgendwann erwachsen sind, hören wir ja nicht auf, uns zu entwickeln. Das Gehirn ist plastisch, wir können es also ändern. Das geht, indem wir unsere übliche Reaktion wahrnehmen, sie unterdrücken und an einer Alternative arbeiten und auf diese Weise eine neue Gewohnheit entwickeln.

Stellen Sie sich vor, durch Ihr Gehirn würde eine Autobahn führen. Die Autobahn ist Ihre alte Strategie, auf eine Situation zu reagieren. Eine neue Gewohnheit oder eine neue Verhaltensweise hingegen ähnelt einem unbekannten Pfad, der mit einer Machete durch den Dschungel geschlagen werden muss. Die alte Methode ist einfach und funktioniert automatisch – man schaltet auf Autopilot, und los geht's. Die neue hingegen ist harte Arbeit: Man muss sich überlegen, wohin man will und was man dafür tun muss, und das erfordert Anstrengung und Stärke. Um auf das Beispiel Pünktlichkeit zurückzukommen: Die Zuspätkommer werden sich nur verändern, wenn sie die Entscheidung treffen, von nun an pünktlich zu sein. Es muss eine bewusste Entscheidung sein; mit einem halbherzigen »Versuch«, pünktlich zu sein, wird es nicht klappen. Ihr Gehirn wird auf die Autobahn zurücksteuern, und Sie werden weiterhin zu spät kommen.

Vor allem unter Stress oder Druck gilt es, darauf zu achten, nicht auf die Autobahn zurückzukehren, schließlich ist der Rückgriff auf die einfache und vertraute Route ganz normal, wenn unsere Energie anderweitig gebunden ist.

Eltern kennen diese Reaktion bestimmt. Sie mögen noch so fest entschlossen sein, sich niemals wie die eigenen Eltern zu verhalten, doch dann stellen sie fest, dass sie unter Stress genau auf die Strategien zurückgreifen, mit denen sie selbst erzogen wurden.

Sehen wir uns den Brief einer Frau an, die Schwierigkeiten hat, auf der Arbeit mit dem Tratschen aufzuhören. Sie ist ein weiteres Beispiel für jemanden, der eine bestimmte Verhaltensweise ändern möchte.

> Ich kann einfach nicht damit aufhören, über Menschen in meinem Umfeld Klatsch zu erzählen und mich über sie zu beschweren. Es passiert vor allem auf der Arbeit, und ich bin dort nicht die Einzige, die sich so verhält; es ist ein toxisches Umfeld, in dem Herumlästern die Norm ist, deshalb ist es schwer, dem zu widerstehen. Jeden Tag ermahne ich mich und nehme mir vor, kein böses Wort über andere zu verlieren, und jeden Tag werde ich in den Klatsch hineingezogen und sage am Ende doch etwas Gemeines. Es ist die Charaktereigenschaft, die ich am meisten an mir verurteile, und ich glaube allmählich, dass ich ein schrecklicher Mensch bin, der es nicht verdient hat, Freunde zu haben. Ich war immer stolz darauf, dass ich offen und ehrlich meine Meinung vertreten konnte, doch mittlerweile überwiegt Bitterkeit, Jammern und zwanghaftes Tratschen. Das Schlimmste ist, dass ich im Grunde genommen gar nicht schlecht über die Person denke, über die ich gerade lästere. Umso weniger verstehe ich, warum ich überhaupt solche schrecklichen Sachen sage.
>
> Ich habe in den letzten Jahren sehr an mir gearbeitet (habe einen Entzug gemacht, bin zur Therapie gegangen), und ich schäme mich, dass ich mich nicht zu einem

> besseren Menschen entwickelt habe. Ich will nicht kleingeistig sein und mich daran hochziehen, dass ich andere niedermache. Ich bewundere und respektiere von ganzem Herzen Menschen, die positiver und offener sind und ihre Gedanken und Gefühle anderen gegenüber im Griff haben. Wie kann ich so ein Mensch werden und mich ein für alle Mal von diesem toxischen Teil von mir verabschieden?

Indem sie ihr Problem erkennt und ausspricht, befindet sich die Frau bereits auf dem besten Weg, einen anderen Kurs einzuschlagen. Mit Klatsch aufzuhören, fällt schwer, erst recht, wenn uns unser Umfeld verunsichert. Eine Beziehung zu jemandem aufzubauen, fällt relativ leicht, wenn es eine dritte Person gibt, die beide irgendwie unangenehm finden. Wie die schlagfertige Salonnière Alice Roosevelt Longworth einmal sagte: »Wenn Sie nichts Nettes zu sagen haben, setzen Sie sich zu mir.« Klatsch kann als sozialer Kleber funktionieren: Er verbindet Menschen, die einander sympathisch finden, und zeigt, dass sie sich vertrauen. Er kann die Spannung oder Feindseligkeit abbauen, die wir anderen Menschen gegenüber empfinden, und eventuell vorhandenen Druck von uns nehmen. Doch er hat auch seine Schattenseiten. Wenn wir negativen Klatsch über jemanden hören, kann das unsere Meinung über diese Person beeinflussen, was wiederum oft unfair und hart ist. Ebenso unschön ist es, wenn wir selbst zum Gegenstand von Tratsch werden. Falls wir jedoch einen Weg finden, auf taktvolle Art direkter zu kommunizieren, kann das durchaus besser für alle Beteiligten sein.

Wenn wir etwas Neues ausprobieren, ist es ganz normal, ein zwiespältiges Gefühl dazu zu haben. Manchmal scheint der mögliche Nutzen in direktem Verhältnis zu der Angst zu stehen, die der Gedanke an etwas Neues auslöst – zum Beispiel, einen Marathon zu laufen, wenn man bis dahin nur dem Bus hinterhergerannt ist, oder überhaupt keinen Alkohol mehr zu trinken, nachdem man die Pandemie mit einem Glas Wein als Gefährten verbracht hat. Es ist absurd, wie schwer es einem fällt, sich auf Veränderungen zum Guten einzulassen. Eine schlechte Angewohnheit löst einen Dopaminstoß aus, der sie noch weiter verstärkt, und so erzählen wir uns immer wieder den alten Unsinn, um den nächsten zu bekommen. So geht es wohl auch der Frau aus dem Beispiel oben bei ihrem Versuch, das Lästern zu unterlassen.

Veränderungen, die einen positiven Unterschied machen, müssen allerdings nicht zwangsläufig dramatisch sein; es können auch kleine nuancierte Anpassungen sein, etwa die Entscheidung, eine andere Pflanzensorte anzubauen oder jeden Tag ein neues Wort zu lernen. Der Frau aus dem Beispiel würde ich empfehlen, sich »Ich«-Botschaften anzugewöhnen. Statt »Er geht mir auf die Nerven« sollte sie »Ich bin genervt von ihm« sagen, denn auf diese Weise übernimmt sie nicht nur die Verantwortung für ihre Reaktionen, sondern sie macht sich gleichzeitig bewusst, dass bloß, weil sie von jemandem genervt ist, dies noch lange nicht bedeutet, dass es an dem anderen liegt. Diese neue Denkweise wird ihr dabei helfen, die Verantwortung für ihre Reaktion zu übernehmen, statt anderen die Schuld zu geben. Es macht vielleicht weniger Spaß, als sich bei der besten Bürofreundin zu beklagen, ist aber womöglich nützlicher, denn selbst kleine Veränderungen in unserer Alltagsroutine oder unserer Einstellung können einen erheblichen Einfluss auf unser Wohlbefinden haben.

Darüber hinaus fällt mir auf, dass die Frau wegen ihres Lästerns sehr hart mit sich ins Gericht geht. Sie kann ihr Problem bereits benennen und befindet sich in dem Stadium, dass sie sich ertappt, wenn sie es getan hat – sie ist also bereits auf dem richtigen Weg. Ich muss dabei an das Gedicht »Eine Autobiographie in fünf Kapiteln« von Portia Nelson denken. Es handelt davon, dass sie eine Straße entlanggeht und in ein Loch fällt. Sie fällt hinein, es ist nicht ihre Schuld. Das zweite Mal sieht sie das Loch, sie weiß, dass sie hineinfallen wird, und fällt tatsächlich hinein, aber es ist nach wie vor nicht ihre Schuld. Beim nächsten Mal sieht sie das Loch, fällt hinein, und nun ist es ihre Schuld. Dann sieht sie das Loch und läuft darum herum. Schließlich wählt sie eine ganz andere Straße. Nelsons Metapher bedeutet, dass wir nachsichtig mit uns sein sollen, wenn wir etwas Neues lernen: Unser Verhalten zu ändern, braucht Zeit. Statt uns also fertigzumachen, wenn wir versucht sind, in alte Gewohnheiten zurückzufallen, sollten wir uns zu unserer Erkenntnis beglückwünschen – »Aha! Genau das will ich nicht mehr tun!« Verzichten Sie auf jedes Urteil, und seien Sie neugierig auf sich selbst. Stellen Sie fest, wo Sie Fortschritte machen, nehmen Sie Versuchungen wahr und klopfen Sie sich auf die Schulter, wenn Sie dem alten Trott widerstehen.

Wenn Sie bereit sind, alte Gewohnheiten abzulegen, oder etwas Neues ausprobieren möchten, empfehle ich Ihnen Folgendes: Nehmen Sie ein großes leeres Blatt, und zeichnen Sie einen Kreis in die Mitte. In den Kreis schreiben Sie Beispiele für Aktivitäten, bei denen Sie sich uneingeschränkt wohlfühlen. In meinem könnte zum Beispiel etwas wie ein kurzer Spaziergang stehen. Außerhalb des Kreises notieren Sie Beispiele für Dinge, die Sie tun können, zu denen Sie sich aber eher zwingen müssen. Zum Beispiel auf ein Denkmal zu klettern oder einen Hügel zu besteigen. Zeichnen Sie jetzt einen noch größeren Kreis um diese Aktivitäten.

In den nächsten Ring schreiben Sie, was Sie gern tun würden, sich aber nicht trauen – etwa eine 7-Tages-Wanderung, jemandem eine neue Geschäftsidee vorschlagen oder eine Wohltätigkeitsorganisation gründen. Zeichnen Sie auch um diesen Ring von Aktivitäten einen neuen Kreis. Schreiben Sie die Dinge auf, die Ihnen Angst machen, die Sie aber gern einmal ausprobieren würden – sich zum Beispiel für ein öffentliches Amt bewerben. Zeichnen Sie so viele Kreise, wie Sie möchten.

Mit der Zeit werden die Aktivitäten unmittelbar außerhalb des inneren Kreises immer mehr zur Gewohnheit, und unsere Komfortzone weitet sich aus. Was sich bei uns im äußeren Kreis befindet, mag bei jemand anderem im inneren sein, aber wir sollten immer im Hinterkopf behalten, dass es bei all unseren Versuchen nur um uns selbst geht. Was andere darüber denken, ist nicht wichtig. Experimentieren Sie mit neuen Dingen, doch wenn das Experiment nicht dazu führt, dass Sie sich stimulierter, enger mit anderen verbunden oder lebendiger fühlen, dann hat es eben nicht funktioniert, und Sie können es einfach beenden. Die Idee dahinter ist, in kleinen Schritten zu wachsen. Ich habe die Erfahrung gemacht, dass unsere Komfortzone schrumpfen kann, wenn wir nicht von Zeit zu Zeit unsere Grenzen austesten.

Das Wichtigste ist, sich daran zu erinnern, dass Veränderung Übung erfordert. Es mag sich am Anfang nicht gut anfühlen, weil es uns nicht vertraut ist, aber wir dürfen Vertrautheit nicht mit Wahrheit verwechseln. Das Vertraute und Bequeme fühlt sich gut an, selbst wenn es uns schadet. Gehen Sie deshalb weiter, schlagen Sie sich Ihren Weg durch den Dschungel, und folgen Sie diesen neuen Pfaden. Mit der Zeit werden sie sich immer natürlicher anfühlen, und irgendwann sind sie so selbstverständlich wie die Autobahn.

Veränderungen gehen mit Verlust einher

Manchmal gehen die Veränderungen von uns aus und sind erwünscht, in anderen Situationen wird uns Veränderung aufgezwungen, wenn wir sie eigentlich nicht möchten. Wie gehen wir damit um? Es ist wichtig, sich einzugestehen, dass Veränderung häufig mit Verlust einhergeht, zumal dann, wenn wir für sie noch nicht bereit waren. Wenn sich eine Beziehung spürbar wandelt – aus Liebenden Freunde werden, aus Freunden Bekannte oder jemand, der sich um uns gekümmert hat, plötzlich selbst Fürsorge braucht –, geht unweigerlich etwas verloren, sei es die Art, wie man bisher gelebt hat, wie eine Beziehung zuvor war oder wie man selbst in dieser Beziehung gewesen ist.

Selbst wenn Sie mit Veränderungen rechnen und sie akzeptieren, bleibt mitunter trotzdem eine Leere zurück, die Ihre Psyche zu füllen versuchen wird. Ein typisches Beispiel ist die Erfahrung, die Eltern machen, wenn sich ihr Kind zum ersten Mal von ihnen löst. Für die Eltern kann es schmerzhaft sein, wenn Teenager rebellieren, sie zurückweisen, sich höflich verweigern oder jeden lieb gemeinten Vorschlag und Rat ablehnen. Wenn es den Eltern gelingt, das Ganze als Teil der Identitätssuche ihres Kindes zu betrachten, wird es weniger wehtun.

Aus demselben Grund kann sich eine Trennung wie ein Trauerfall anfühlen: Man erlebt einen Verlust. Man vermisst den anderen, und man vermisst, wer man mit diesem Menschen war. Man sorgt sich, wie man zurechtkommen soll, und hasst es gleichzeitig, sich darüber Sorgen zu machen, denn ohne diese Trennung müsste man sich gar nicht auf die neuen Umstände einstellen. Vielleicht verspüren Sie

Angst: Sie verlassen das Vertraute und betreten unbekanntes Terrain. Eventuell haben Sie auch philosophischere Sorgen: Wer sind Sie nun in diesem neuen Single-Status? Wie hat er Ihre Identität verändert? Ich habe bei diesen Fragen den Brief einer Mittdreißigerin im Kopf, deren Beziehung zerbrach, als sie sich einer Kinderwunschbehandlung unterzog.

> Ich war zehn Jahre lang mit einer Frau zusammen, die ich sehr liebe und von der ich dachte, wir würden zusammen alt werden. Vor Kurzem haben wir mit einer medizinisch unterstützten IUI (Intrauterinen Insemination) mit Spendersamen begonnen, doch dann verließ mich meine Partnerin zwei Tage vor unserem ersten Versuch. Ich fand heraus, dass sie eine Affäre mit einer gemeinsamen Freundin gehabt hat. Sie kam danach zwar für eine Weile zurück, und es gab viel Liebe und Nähe zwischen uns, doch dann ging sie wieder.
>
> Drei Wochen lang ging ich täglich in unsere Klinik. Ich bin so traurig und kann mich einfach nicht von der Vorstellung verabschieden, dass wir ein Baby zusammen haben wollten. Für mein Gefühl gibt es nicht einmal einen adäquaten Ausdruck, weil eine Kinderwunschbehandlung bei Lesben ein in der Gesellschaft tabuisiertes Thema ist, insoweit fällt es mir schwer, überhaupt zu benennen, was mir passiert ist. Mir ist bewusst, dass eine Affäre Ausdruck von weitreichenderen Problemen ist, und ich möchte meinen Anteil an der Trennung begreifen – aber zwischen uns gibt es keinerlei Kommunikation mehr, weil meine Partnerin inzwischen sagt, dass sie unser Baby in Wirklichkeit nie wollte.
>
> Mir wird nun klar, dass sich meine Partnerin während der zwei Jahre, in denen wir Pläne geschmiedet haben

> (wir haben überlegt, wie das Kind heißen und auf welche Schule es gehen soll, wo wir wohnen möchten, haben Geld gespart und darüber geredet, wie und wann wir unser zweites Kind haben würden), langsam zurückgezogen hat, und als ich mit ihr reden wollte, hat sie dermaßen gemauert, dass ich am Ende nur noch wütend war und bloß irgendeine Verbindung zu ihr brauchte, selbst wenn es eine negative war.
>
> Wie zur Hölle soll ich das alles verarbeiten und akzeptieren, und wie soll ich weitermachen und damit klarkommen? Ich fühle mich nur noch wie eine Niete und totale Versagerin. Das ist nicht rational, ich weiß, aber ich bin völlig am Ende. Außerdem weiß ich nicht, ob ich es nun alleine angehen soll, Mutter zu werden. Wäre ich genug für mein Kind? Es ist bestimmt sehr anstrengend. Und so einsam.

Eine Trennung kann sich anfühlen, als würden wir damit den Teil von uns verlieren, der wir in der Beziehung waren, und dazu die Zukunft, die wir uns mit diesem Menschen ausgemalt hatten. Diese Leerstelle in uns klafft wie eine offene Wunde. Natürlich ist die Frau aus dem Beispiel oben am Boden zerstört. Sie hat sowohl ihre Partnerin verloren als auch den Traum von gemeinsamer Elternschaft. Das erträumte Baby und der Mensch, der es einmal geworden wäre, ist die zweite Person, die sie verlassen hat. Ob der Traum ein Kind ist, ein neues Haus, eine neue Beziehung oder ein neues Land – man muss immer durch eine Trauerphase, wenn er sich nicht erfüllt. Wenn das, was wir uns vorstellen, zum Greifen nah erscheint und uns dann weggenommen wird, löst das sehr ähnliche Gefühle in uns aus wie der Verlust eines wichtigen Menschen. Und genau wie bei der Trauer um einen geliebten Menschen lässt sich dieser Prozess nicht beschleunigen. Doch die Wunde wird mit der Zeit heilen, oder wir gewöhnen uns an sie, sodass sie in den Hintergrund rückt.

Ich erhalte viele Zuschriften, in denen ich gefragt werde, wie man über eine Trennung oder andere unerwartete oder unerwünschte Veränderungen im Leben hinwegkommt. Mein wichtigster Ratschlag lautet, den Hahn aufzudrehen und die Gefühle herausfließen zu lassen, ansonsten baut sich Druck auf, der sich zu einer Art Obsession entwickeln kann, die auf jeden anderen Aspekt Ihres Lebens abfärbt. Eine obsessive Phase können Sie überwinden, indem Sie penibel kontrollieren, wo und wann Sie sie ausleben. Dazu müssen Sie Zeiten festlegen. Weinen, toben und trauern Sie jeden Tag um dieselbe Zeit für eine halbe Stunde. Sie müssen sogar dann weinen und trauern, wenn Ihnen nicht danach ist. Erinnern Sie sich an das Leben, wie es vorher war. Sie können einen Schrein bauen, eine Kerze anzünden, weinen, einen Liebesbrief schreiben, den Sie niemals abschicken werden – alles, was Ihnen in den Sinn kommt –, aber nicht länger als eine halbe Stunde am Tag und nur zu der von Ihnen festgelegten Zeit. Seien Sie streng mit sich, stellen Sie sich einen Wecker. Auf diese Weise lassen Sie nicht nur Ihre Gefühle zu und verarbeiten sie, Sie gewinnen auch die Kontrolle über sie. Es erfordert

Alltagsweisheit
Es klingt verrückt, sich den Wecker zu stellen, um sich mit etwas Schmerzhaftem zu befassen, aber auf diese Weise lernen wir, Kontrolle über unsere Gedanken zu gewinnen, statt uns von unseren Gedanken beherrschen zu lassen.

Entschlossenheit und Willenskraft, aber wie bei jeder anderen Fertigkeit werden Sie dabei immer besser werden. Vielleicht kann Sie in diesen halbstündigen Trauerzeiten manchmal eine Freundin oder jemand aus der Familie im Arm halten, während Sie weinen. Sie müssen das nicht allein durchstehen. Aber vergessen Sie nicht, sich den Wecker zu stellen.

Denselben Ratschlag würde ich der jungen Frau geben, die plant, sich operieren zu lassen, um das Risiko einer Brustkrebserkrankung zu verringern.

> Ich bin 26 und wurde vor fünf Jahren positiv auf die BRCA-Genmutation getestet. Das bedeutet, dass ich mit sehr hoher Wahrscheinlichkeit im Laufe meines Lebens an Brustkrebs erkranken werde, weil mein Körper bestimmte Krebszellen nicht erkennen und bekämpfen kann.
>
> Als mir die Ergebnisse mitgeteilt wurden, wusste ich, dass ich eine risikomindernde Mastektomie vornehmen lassen würde, und nun habe ich einen Punkt in meinem Leben erreicht (beruflich und privat), an dem ich mich dazu bereit fühle. Trotz der Versicherung der Ärzte, dass meine Lebenserwartung mit und ohne Operation dieselbe ist, bin ich davon überzeugt, dass die Operation für mich die richtige Entscheidung ist. Lasse ich sie nicht durchführen, werde ich mit hoher Wahrscheinlichkeit Krebs bekommen, der durch regelmäßige Vorsorgeuntersuchungen zwar sehr wahrscheinlich früh genug entdeckt würde, doch die Vorstellung, jedes Jahr zur Vorsorge zu müssen und zu wissen, dass eines Tages ein positiver Befund zurückkommt, ist nichts für mich. Ich möchte lieber jetzt operiert werden und in Frieden leben.

> Meine Mutter hatte Brustkrebs und ist nach jahrelanger Behandlung gestorben. Sie war bei mir, als ich die Ergebnisse meines BRCA-Tests erhielt (sie war ebenfalls positiv). Ich weiß noch, welche Schuldgefühle sie mir gegenüber hatte und welche Sorgen sie sich um mich machte, aber für mich war es in Ordnung. Früher wäre ein solches Ergebnis vielleicht ein Todesurteil gewesen, aber ich habe mittlerweile Optionen, die meine Mutter nicht hatte, und ich bin sehr froh, die Diagnose zu kennen. Ich habe es einfach als eine weitere Sache betrachtet, die ich als Erwachsene würde regeln müssen, und solange es planbar ist, ist das okay für mich. Meine Brüste sind klein und tragen nicht wesentlich zu meinem Selbstbild bei, insoweit hätte ich nie gedacht, dass ich sie so sehr vermissen würde.
>
> Doch nun, wo die Operation näher rückt, empfinde ich oft Panik und Überforderung. Ich kann mich kaum auf irgendetwas anderes konzentrieren, möchte aber auch meinen Freunden und meiner Familie nicht zur Last fallen, indem ich ständig darüber rede. Ich weiß, dass die Operation mein Wunsch ist, und ich weiß auch, dass nun der richtige Zeitpunkt dafür ist, aber warum habe ich dann diese Gefühle?

Mit Trauer verbinden wir, dass jemand stirbt, der uns nahesteht: Verlieren wir einen Elternteil, unseren Partner, ein Haustier oder einen Freund, erwarten alle aus unserem Umfeld, dass wir traurig, wütend oder durcheinander sind, dass wir es leugnen oder eine Weile einfach wie betäubt durch die Welt laufen – wohin die Trauerreise uns auch immer führt. Selbst wenn es eine schmerzhafte Reise ist, wissen wir, dass wir unser Gleichgewicht nur wiederfinden werden, wenn wir uns zugestehen zu trauern. Verlust lässt sich nur verkraften, indem man ihn durchlebt.

Sehr viel schwieriger zu verstehen ist es, wenn unser Verlust keine andere Seele betrifft, der wir uns verbunden fühlten. Häufig bemerkt oder erwähnt niemand, dass wir etwas verloren haben, und keiner erwartet, dass wir möglicherweise Trauerarbeit leisten müssen. Nach dem Verlust ihrer Mutter durchlebt diese junge Frau einen weiteren Verlust: den Verlust ihrer Brüste (die Teil ihrer Weiblichkeit sind) und dass ihr Körper intakt und unversehrt ist..

Sie ist dankbar, dass sie das Krebsrisiko durch die Operation signifikant senken kann, aber man kann natürlich trotz Dankbarkeit gleichzeitig Trauer und Panik empfinden. Wie sollte man nicht in Panik geraten, wenn der Teil des Körpers, der unter intensiver medizinischer Beobachtung steht, der gleiche ist, der den Tod der Mutter herbeigeführt hat? Wie könnte man nicht ängstlich sein, wenn einem bald noch gesundes Gewebe operativ entfernt wird?

Alltagsweisheit
Zum Veränderungsprozess gehört auch zu akzeptieren, dass ein Teil von uns trauern muss. Man kann dankbar für die Veränderung sein und trotzdem dem vorherigen Zustand hinterhertrauern.

Über komplizierte Gefühle zu sprechen, ist ohnehin schwierig genug, aber wenn wir uns dann auch noch für sie verurteilen, sind sie nicht mehr zu bewältigen. Statt uns liebevolle Unterstützung für unsere Trauerarbeit zu suchen, ziehen wir uns womöglich in eine stumme qualvolle Welt zurück, in der wir uns zunehmend allein fühlen. Wenn wir uns der Aufgabe, unsere Trauer zu verarbeiten, nicht stellen, kann diese unsere ganze Welt vereinnahmen und alles andere überschatten. Man könnte meinen, wenn wir uns unsere Enttäuschung eingestehen und die Leerstellen beim Namen nennen, würden unsere Gefühle noch intensiver und unkontrollierbarer, doch das Gegenteil ist der Fall. Indem man über Verlust spricht, beginnt man, ihn zu verarbeiten, es ist der erste Schritt zur Heilung.

Gerade das, von dem wir glauben, dass es uns besonders ungewöhnlich, isoliert oder einsam macht, stellt – wenn wir darüber sprechen – häufig die größte Nähe zu anderen her. Ich denke, wenn es uns gelingt, Gefühle in Worte zu fassen, die sonst meist unausgesprochen bleiben und ehrlich beschreiben, wie es uns geht, dann geschehen zwei Dinge. Erstens: Indem wir das Gefühl aussprechen, ergibt es Sinn für uns, wir verstehen es besser und wir verstehen uns selbst besser. Und zweitens: Wenn wir es schaffen, einem anderen Menschen unser Empfinden zu vermitteln, helfen unsere Worte demjenigen vielleicht dabei, einen Teil seiner eigenen Gefühle zu begreifen. Wenn wir anderen unsere ehrlichen Gedanken und Gefühle erzählen und unser Gegenüber uns verstehen kann, ist das der Beginn einer Verbindung. Und eine solche Verbindung trägt zur Heilung bei. Wir dürfen verletzlich und traurig sein, trauern, Verlust empfinden und uns Zeit nehmen, um über den Schock hinwegzukommen oder uns an einen anderen Körper zu gewöhnen.

Das Älterwerden akzeptieren

Die Vorstellung, dass es so etwas wie Kinder und Erwachsene gibt, ist nichts weiter als ein von uns erdachtes Konstrukt, wir verwandeln uns nicht einfach mit einundzwanzig – oder wann immer das Erwachsensein angeblich beginnt – auf magische Weise in einen Erwachsenen. Als Teenager und in meinen Zwanzigern habe ich vergeblich darauf gewartet, dass eine wundersame Verwandlung eintritt und ich mit einem Mal vernünftig und damit erwachsen bin.

Diese plötzliche Verwandlung findet also nicht statt, und doch verändern wir uns mit der Zeit sehr wohl. Das Leben hinterlässt seine Spuren, verwandelt uns, und vielleicht entwickeln wir uns sogar zu jemandem, der heute ein Stück weiter ist als gestern. Die Veränderung betrifft in der Regel unseren Inhalt, nicht unsere Prozesse. Lassen Sie mich das näher erklären: »Inhalt« steht für die Geschichte und »Prozess« für unsere Verhaltensmuster. Neigen wir beispielsweise dazu, uns ständig Sorgen zu machen, wird sich zwar der Auslöser für unsere Sorgen – die Geschichte – immer wieder ändern, die Tatsache, dass wir uns ständig Sorgen machen, jedoch nicht. Ein kleines Kind macht sich vielleicht Gedanken, warum die Blätter absterben und vom Baum fallen. Wird es älter, denkt es womöglich nicht mehr über die Blätter nach, empfindet dieselbe Besorgtheit aber aus einem anderen Anlass – beispielsweise angesichts der Frage, wem sie oder er eine Weihnachtskarte schicken muss. Unsere Entwicklung zu älteren Menschen bedeutet nicht, dass wir jemand völlig anderes werden. Das sollten wir unbedingt im Hinterkopf behalten. Für mich persönlich besteht die größte Veränderung beim Älterwerden darin, dass ich häufiger erledigt bin.

Älter zu werden ist etwas, womit wir uns alle auseinandersetzen müssen. Es zu akzeptieren und damit umzugehen kann allerdings ein schwieriger Prozess sein. Unser Körper verändert sich, und das ist nicht einfach. Alter kann bedeuten, dass man nicht mehr so beweglich ist, mehr Ruhe braucht oder vielleicht nicht mehr in der Lage ist zu tun, was man früher als selbstverständlich betrachtet hat. Ganz gleich wie philosophisch Ihre Herangehensweise ist, auch diese Veränderungen sind bei genauerer Betrachtung mit Verlust verbunden. Um sich die Wirkung einzugestehen, die diese Veränderung auf Sie hat, dürfen Sie der Vergangenheit nachtrauern. Es ist natürlich, sich nach der Zeit in Ihrem Leben zurückzusehnen, in der Sie jünger und vitaler waren.

Von klein auf bekommen wir beigebracht, dass Jugend Schönheit bedeutet und Alter eben nicht, das trifft vor allem auf Frauen zu. Ich erinnere mich noch, wie sich meine Mutter betrachtete, den Verlust ihrer Jugend beklagte und mir gegenüber Dinge sagte wie: »Du hast es gut …« Aber es war überhaupt nicht gut, denn sie gab die Angewohnheit, ihren Körper zu hassen und sich für ihn zu schämen, an mich weiter. Wir alle werden mit Bildern sehr junger Frauen und der damit einhergehenden Botschaft bombardiert, dass jede von uns so aussehen sollte. Die stereotype Darstellung könnte den Eindruck vermitteln, diese jungen Mädchen seien der Inbegriff von Weiblichkeit, doch das sind sie nicht.

Ein Beispiel für jemanden, der damit kämpft, seinen alternden Körper anzunehmen, ist die Frau, die mich in einem Brief fragt, wie sie sich wohler in ihrer Haut fühlen könne.

> Wie kann ich weniger Verlegenheit und Selbsthass für meinen untrainierten, gealterten und schlaffen Körper empfinden, wenn ich nackt bin? Ich bin deswegen in vielerlei

> Hinsicht gehemmt und vermeide alles, bei dem ich meine Arme zeigen muss, oder noch schlimmer, meine Beine oder meinen Bauch. Obwohl ich gern schwimme, graut es mir davor, einen Badeanzug zu tragen. Auch beim Sex mit meinem Partner fühle ich mich nackt nicht wohl. Es beeinflusst sogar die Wahl der Stellungen; ich kann mich nicht dazu überwinden, oben zu sein, weil ich mich so für meinen schlaffen Bauch und meine Brüste schäme.
>
> Ich gehe viel spazieren und mache mehrmals die Woche Yoga, Pilates und andere Kurse, und ich finde es fantastisch, wozu mein Körper in diesen Kursen fähig ist. Ich bin fast 60 und ernähre mich gesund (viel Fisch, Hülsenfrüchte, Obst und alle möglichen Gemüse), trotzdem habe ich fast 10 Kilo Übergewicht, damit kämpfe ich schon mein ganzes Leben. Vielleicht ist das von Bedeutung – ich hatte sehr früh große Brüste, die schon unerwünschte männliche Aufmerksamkeit erregt haben, als ich im Grunde noch ein Kind war. Ich erinnere mich, dass ich damals eher Kleider gewählt habe, die meinen fraulichen Körper verborgen haben, statt ihn zu betonen.
>
> Ich weiß, dass wir alle mehr sind als unser Äußeres und schäme mich dafür, dass ich mich schäme. Meine Freundinnen betrachte ich nicht mit solchem Ekel, ich finde sie wunderschön, auch wenn sie keine perfekten Körper haben. Warum bin ich mir selbst gegenüber so kritisch?

Unsere Haut verliert an Elastizität, wenn wir älter werden, und man hat uns konditioniert, dies als unschön zu betrachten. Wie wir auszusehen haben, wird uns von Leuten erklärt, die uns straffende Lotionen, Anti-Aging-Cremes und Mode andrehen wollen. Ihr Ziel ist es, uns Angst zu machen, wir könnten nicht mehr liebenswert sein, wenn wir nicht länger wie zwanzig aussehen. Diese Leute nähren unseren Selbstekel, damit wir mehr Zeug kaufen, und es funktioniert. Zumindest insoweit, dass wir das Zeug kaufen, denn das Zeug selbst, nein, das funktioniert nicht, und unsere Haut und die Fettverteilung sind weiterhin unserem Alter entsprechend.

Wenn wir Haut betrachten, die einmal glatt war und nun Krepppapier ähnelt, sollten wir uns bewusst machen, dass wir darauf geeicht wurden, das eine gut und das andere schlecht zu finden. Wir sollten uns auch bewusst machen, dass es unsere Entscheidung ist, wie wir darüber denken. Welche älteren Frauen sind tatsächlich am attraktivsten? Nicht die schlanksten, nicht die, die am jüngsten aussehen, sondern Frauen, die Stolz ausstrahlen, die sich nicht verstecken, die mit hocherhobenem Haupt durch die Welt gehen und lachen, ohne sich darum zu kümmern, was dabei wackeln könnte. Die Frauen, die atmen, statt die Luft anzuhalten, weil sie den Bauch einziehen. Selbstbewusstsein ist attraktiv. Wir sollten versuchen, es zu entwickeln. Selbstbewusstsein, nicht Schlankheit oder Straffheit ist der Schlüssel, um sich schön zu fühlen.

Das ist selbstverständlich vereinfacht dargestellt, und natürlich altern auch Männer und werden kritisch von anderen gemustert. Der Druck auf Frauen, jung auszusehen, ist dennoch stärker, weil wir schon immer einer Kultur des männlichen Blicks ausgesetzt waren – die Frauenzeitschriften schreiben uns vor, wie wir auszusehen haben, wir werden auf der Straße belästigt, an Bushaltestellen und in Clubs fasst man uns an den Hintern. Viele von uns haben den männlichen Blick übernommen.

In ihrem Brief stellt die Frau die Frage, ob es von Bedeutung war, dass sie schon als Kind unerwünschte männliche Aufmerksamkeit erhielt, und ich denke, es war von enormer

Bedeutung, denn diese Aufmerksamkeit sorgte dafür, dass sie sich schrecklich fühlte. Sie dachte, ihr Körper sei schuld an den unangemessenen sexualisierten Bemerkungen, durch die sie sich belästigt, verängstigt und angewidert fühlte. Ihr Unterbewusstsein interpretierte diese Kommentare als »Ohne meinen Körper würde ich mich nicht angewidert und verängstigt fühlen«. Unerwünschte Aufmerksamkeit führt dazu, dass uns unser Äußeres sehr viel bewusster wird. Wenn sich unser Körper dann im Alter verändert, kann uns das verunsichern. Natürlich leiden auch Männer an mangelndem körperlichem Selbstvertrauen, aber im Allgemeinen gelingt es ihnen, glaube ich, besser, sich lächelnd den Bauch zu reiben. Der Grad der Angst, den Frauen angesichts ihrer körperlichen Veränderung spüren, ist in der Regel ein anderer.

Wie ich schon erwähnt habe, hält man Vertrautes allzu leicht für wahr. Wem steht es zu, darüber zu urteilen, was schön ist und was nicht? Wenn es Ihnen so geht wie der Verfasserin des obigen Briefes, dann möchte ich, dass Sie stolz den Kopf heben. Sie haben einen wunderbaren sexy Körper – üben Sie, stolz auf ihn zu sein. Vergeuden Sie keinen weiteren Tag und genießen Sie, wie fabelhaft Sie sind. Auch wenn Sie das Selbstbewusstsein noch nicht haben, verhalten Sie sich trotzdem so, gewöhnen Sie sich es an. Sie können es vortäuschen, bis Sie so weit sind.

Eine andere Zuschrift, die meiner Meinung nach gut die Erfahrung des Älterwerdens beschreibt, kommt von einer Rentnerin, die das Gefühl hat, den Anschluss zum technologischen Fortschritt der modernen Welt verpasst zu haben.

> Als alleinlebende Rentnerin habe ich mich während der wiederholten Lockdowns isoliert gefühlt. Sich auf die Technologie zu verlassen, schien die Lösung für alles zu

> sein, was in Ordnung war, wenn es funktionierte, doch ich hatte auch häufig den Eindruck, von der Welt abgeschnitten zu sein. Als ich zum Beispiel nicht wusste, wie ich bei einem Videoanruf die Stummschaltung aufheben sollte, hat sich das nach Locked-in-Syndrom angefühlt. Nach der Pandemie hat sich die Lage zwar gebessert, doch Covid hat die Technologie zum Mittel der Wahl gemacht, was für mich leider nicht immer funktioniert.
>
> In einem Pub musste ich auf das Mittagessen verzichten, weil ich nicht per App bestellen konnte. Ich habe häufig Probleme mit meinem Smartphone – monatelang wusste ich nicht, wie man einen Anruf entgegennimmt, und musste deshalb warten, bis der andere aufgelegt hatte, damit ich zurückrufen konnte.
>
> Wenn ich ein neues Gerät kaufe, wird nicht mal eine Gebrauchsanleitung mitgeliefert, die mir zeigt, wie es funktioniert. Ich entferne mich immer weiter von Menschen, die ihr Smartphone und ihre Uhren (Uhren?!) für alles benutzen. Ich habe das Gefühl, nicht mehr dazuzugehören. Und vermutlich wird sich das auch nicht mehr ändern.

Ein Geständnis vorab: Mich nervt es ebenfalls, dass wir uns zunehmend auf Technologie verlassen müssen. Wenn ich mein Passwort vergessen habe, kann ich nicht einmal mehr meine eigene Zentralheizung bedienen oder meine Grundsteuer bezahlen. Anfangs kam ich mit dem Internet ganz gut zurecht, aber es geht immer weiter; beim Wort »Aktualisierung« überläuft mich ein Schauder. Genau in dem Moment, in dem man mit einer Videokonferenz-App klarkommt, wird sie aktualisiert, oder die Gruppe verwendet plötzlich ein anderes Programm, und man muss es wieder von vorn lernen. Ich habe es satt, mir YouTube-Videos anzusehen, um mich auf den neuesten Stand zu bringen. Jüngere spielen einfach herum und kommen intuitiv damit zurecht: sie sind damit groß geworden. Wir nicht. Ich will aber nicht nur lamentieren. Etwas Neues zu lernen, tut älteren Gehirnen gut, und wir können mehr lernen, als wir uns oft zutrauen. Fragen Sie in Technikläden, ob man Ihnen helfen kann. Ich merke, dass ich häufiger als früher um Hilfe bitten muss, weil ich es ein paarmal erklärt bekommen und üben muss, bevor ich es kapiere.

Das Tolle am Alter ist, dass wir unsere Gefühle und Wünsche klar formulieren können und eine gewisse Narrenfreiheit genießen. Eine Sache, die wir Oldies gelernt haben und zu der Sie uns, wenn Sie möchten, gratulieren können: Wir kümmern uns nicht mehr so sehr darum, was andere von uns denken. (Achtung, ich sagte »nicht mehr so sehr«. Wer sich überhaupt nicht mehr um andere kümmert, wird vermutlich als Psychopath enden.) Als meine Großmutter hundert war, habe ich sie gefragt, welchen Vorteil dieses Alter habe, und sie antwortete: »Jetzt kann ich endlich sagen, was ich möchte, und es wird akzeptiert.« Danke, Gran.

Aber hier passiert noch etwas anderes. Die meisten Menschen haben das Gefühl, eher am Rand als im Zentrum einer Gruppe zu stehen. Ein Teil dieser Frau (und von Ihnen, von mir und von uns allen) wird immer allein und ungesehen bleiben. Wenn älter zu werden Ihnen also das Gefühl gibt, Sie würden zurückgelassen und seien zum Alleinsein verurteilt, so möchte ich Ihnen sagen, dass Sie damit nicht allein sind: Jede und jeder von uns hat einen Teil, der für andere unsichtbar und unbekannt bleibt. Sie gehören in diese Welt, auch wenn ein Teil von Ihnen manchmal das Gegenteil empfinden mag.

Mit Trauer umgehen

Der Tod eines geliebten Menschen ist ein Moment, der unser Leben tiefgreifend verändert. Die Zuschriften, die ich zum Thema Trauer erhalte, gehören zu den berührendsten und tief empfundensten. Ich sage manchmal, dass der Preis der Liebe Trauer ist, und in vielen dieser Briefe hallt die Tiefe und Bedeutung der Liebe noch immer nach. Der nachfolgende Brief einer trauernden Mutter und Tochter ist einer von vielen, die mir nicht mehr aus dem Kopf gegangen sind.

> Ich bin Mutter von drei Kindern, von denen eines als Baby gestorben ist. Die anderen beiden sind nun 34 und 29, und da ich seitdem unbewusst wohl immer versucht habe, sie am Leben zu halten, bin ich ihre wichtigste Stütze geworden, emotional (Beziehungen, Arbeit, Freundschaften – wirklich alles), finanziell und leibhaftig (wenn sie mich brauchen, lasse ich alles liegen und stehen).
>
> Dies wirkt sich auch auf meinen Mann aus, der sich um die Finanzen kümmert. Er ist zwar ausgesprochen großzügig, aber mein enges Verhältnis zu meinen Kindern und die Tatsache, dass sie sich ständig an mich wenden, kann er trotzdem nicht nachvollziehen (er hat keine eigenen Kinder, und ihm wäre es nicht im Traum eingefallen, seine Eltern in Situationen anzurufen, in denen mich meine Kinder anrufen). Das Problem bin offenbar ich. Ich mache mir ununterbrochen Sorgen, leide an Nachtschreck und Schlaflosigkeit, außerdem habe ich das Gefühl, als Mutter komplett versagt zu haben, gekoppelt mit dem inneren Druck, meine Kinder irgendwie glücklich zu machen. Aufgrund meiner schwierigen Kindheit

> und dem Verlust meiner Eltern in sehr jungen Jahren habe ich schon vor der Geburt der Zwillinge Antidepressiva genommen, doch wegen der Nebenwirkungen wollte ich die Depression ohne Medikamente überwinden. Doch nun bin ich völlig am Ende. Wie kann ich mich ändern und die Situation in den Griff bekommen?

Ich empfinde großes Mitgefühl für das junge Mädchen, das seine Eltern verloren hat. Dieser junge verletzliche Teil von ihr scheint immer noch in ihr zu existieren. Vermutlich wurde ihr damals jedes Gefühl von Sicherheit geraubt. Insoweit ist es völlig normal, dass sie nach diesem einschneidenden Erlebnis Angst hat, den wichtigsten Menschen in ihrem Leben könne etwas zustoßen. Selbst wenn sie über den Verlust ihrer Eltern allmählich hinweggekommen wäre, der Verlust eines Babys hätte die alte Wunde von Neuem aufgerissen. Ihre Ängste sind nachvollziehbar.

Ein altes, tief in uns vergrabenes Trauma äußert sich nicht in Worten, sondern eher als mäandernde Angst oder eine unausgesprochene permanente Besorgnis – die wir nicht einfach durch Logik vertreiben können. Diese Angst ist kein Anzeichen dafür, dass wir am Ende sind, sondern lediglich ein Signal, dass wir die Zerbrechlichkeit des Lebens sensibler wahrnehmen. Nach einem großen Verlust betrachten wir es einfach nicht mehr als selbstverständlich, dass die Menschen in unserem Umfeld uns nicht ebenfalls verlassen werden. Und so weicht eine sorglose, mit dem Strom schwimmende Einstellung häufig einer unflexibleren, ängstlicheren Lebensweise. Eines der Probleme dabei ist, dass wir selbst Momente, in denen alles gut läuft, nicht genießen können – aus Angst, erneut alles zu verlieren. Menschen, die wie die Verfasserin des Briefes damit zu kämpfen haben, ermutige ich, mehr in der Gegenwart als in der Vergangenheit oder Zukunft zu leben. Gerade beim Einschlafen können wir dies tun, indem wir uns statt auf sorgenvolle Gedanken auf die Geräusche unseres Atems konzentrieren und darauf, wie er sich für uns anfühlt.

Selbst wenn wir lernen, mit der Trauer zu leben, bleibt sie manchmal unverändert groß. Sie scheint in Wellen zu kommen und fühlt sich ebenso akut an wie ganz am Anfang. Es gibt Theorien, wonach man verschiedene Phasen der Trauer durchläuft, bevor man auf der anderen Seite wieder herauskommt, doch nach allem, was ich über Leben und Tod weiß, können nur sehr wenige Menschen etwas mit diesen Theorien anfangen. Trauer geht ihren eigenen Weg, und jeder Mensch erlebt sie auf seine eigene Art und Weise. Der nachfolgende Brief einer Frau, die auch Jahrzehnte später noch um ihre verstorbene Mutter trauert, ist eine Erinnerung daran, dass wir nicht nach einem festgelegten Plan trauern.

> Ich bin 50 Jahre alt, führe mit meinem Mann und unseren zwei Kindern ein privilegiertes Leben, und es fehlt mir an nichts. Meine Mutter starb sehr plötzlich, als ich 25 und sie 61 war. Die Todesursache war ein Herzinfarkt. Wir hatten keine Ahnung, dass sie schwer krank war. Mein Vater starb mit 81 Jahren an Darmkrebs.
>
> Obwohl es sehr traurig war, den Verfall meines Vaters mitzuerleben, konnte ich mich mit seiner Krankheit und später auch seinem Tod abfinden. Mit dem Tod meiner Mutter hingegen – und das ist auch der Grund, warum ich Rat suche – habe ich nie wirklich umzugehen gelernt. Selbst jetzt kommen mir beim Schreiben noch die Tränen. Wie kann das sein nach 25 Jahren? Ich sollte darüber hinweg sein.

> Ich habe für kurze Zeit eine Therapeutin aufgesucht, die mir riet, in das Leben meiner Mutter einzutauchen – ihre Lieblingslieder zu hören usw. Aber das hat mir nicht geholfen. Ich habe nach wie vor das Gefühl, mit ihrem Tod nicht zurechtzukommen. Ich wäre für jede Erkenntnis dankbar, wie ich damit umgehen kann.

Diese Frau hat ihre Mutter eindeutig zu jung verloren, ihr Tod war ein furchtbarer Schock für sie und ereignete sich zu einem Zeitpunkt in ihrem Leben, in dem sich ihre Beziehung zu ihr noch in der Entwicklung befand. Manche Menschen sind in der Lage, das Loch in sich zu füllen, das der Tod eines wichtigen Menschen bei ihnen hinterlässt. War man jedoch noch dabei, diese Person kennenzulernen, ist das schwierig, vor allem wenn es einen Elternteil betrifft, der zu früh stirbt.

Fritz und Laura Perls sind die Begründer der sogenannten Gestalttherapie. Eine der dabei häufig verwendeten Interventionen besteht darin, zwei Stühle aufzustellen – einen für den Klienten und einen für die Person, mit der er noch Dinge zu klären hat. Und so albern es klingt, man erzählt dem leeren Stuhl laut alles, was man der abwesenden Person zu sagen hat. Dann – und das ist der Clou – setzt man sich auf den leeren Stuhl und sagt dem anderen Stuhl, was die fehlende Person einem

Alltagsweisheit
Betrachten Sie Trauer nicht als etwas, das »bewältigt« werden muss, sondern lieber als etwas zum »Mitfühlen«. Versuchen Sie, sich nicht über Ihre Trauer zu ärgern oder sie zu verdrängen, sondern freunden Sie sich mit dem Schmerz und der Traurigkeit an.

höchstwahrscheinlich erwidern würde. Wenn Sie trauern, kann diese Übung kathartisch wirken und Ihnen helfen, Ihren Tränen freien Lauf zu lassen, und wahrscheinlich ist genau das notwendig, um Sie aus Ihrem Schmerz herauszuholen.

Wie diese Frau wünschen sich wahrscheinlich viele von uns, sie könnten ihren Schmerz »bewältigen«. Wenn Sie ihre Enttäuschung nachempfinden können, empfehle ich Ihnen, »bewältigen« durch »mitfühlen« zu ersetzen, denn ich fürchte, Gefühle lassen sich nicht bewältigen, so funktionieren sie nicht. So wenig, wie man ein Kind aus seinem Wutanfall herausschimpfen kann, so wenig kann man sich aus dem Schmerz herausschimpfen. Nur weil wir weitergehen im Leben, sterben bestimmte Teile von uns nicht einfach ab; sie schlummern in uns weiter, bis etwas sie wieder aufweckt. Alte Männer rufen auf ihrem Totenbett nach ihren Müttern, und man kann nur tief mit ihnen mitfühlen. Ich möchte jeden Trauernden ermutigen, sich weder über seinen Schmerz zu ärgern noch ihn loswerden zu wollen. Es mag seltsam klingen, denn manchmal ist die Trauer ebenso schmerzhaft und brutal wie ganz am Anfang, und nun komme ich daher und rate, sie nicht zu verdrängen. Doch wenn es uns gelingt, es einmal zu versuchen und weder beschämt noch wütend über die Tränen zu sein, sondern zu akzeptieren, dass sie kommen und dass sie zu unserer Art zu lieben gehören, dann können wir eventuell besser mit ihnen leben.

Für Benjamin Franklin gab es im Leben nur zwei Dinge, die sicher waren: Tod und Steuern. Menschen, die wir geliebt haben, können wir nicht zurückholen. Wir können nur unsere Einstellung zum Trauern ändern. Wenn wir die Trauer verdrängen, wird sie bloß umso stärker wiederkommen. Wenn wir sie hingegen annehmen, uns um sie kümmern, ihr wohlwollend gegenüberstehen und sie nicht mehr fürchten, wird sie zwar nicht verschwinden, aber sie wird leichter zu tragen sein. Wir empfinden Schmerz, weil wir einen geliebten Menschen verloren haben, und das wird in uns immer tiefe Gefühle auslösen. Aber wir können uns mit der Traurigkeit anfreunden. Wir werden sie deshalb nicht weniger spüren, aber vielleicht weniger beachten.

In meinem Buch *Wie man den Verstand behält – Kleine Philosophie der Lebenskunst* spreche ich über Vernunft als den Mittelweg zwischen zu starrem oder zu irrationalem Verhalten. Es geht darum, offen zu sein – um die Fähigkeit, Veränderung zu akzeptieren, notwendige Veränderung herbeizuführen und sie sogar zu begrüßen. Menschsein bedeutet, dazugehören zu wollen und zu spüren, dass wir eine Rolle und einen Platz in der Gesellschaft haben. Die wichtigsten Veränderungen, die wir herbeiführen, sind vermutlich die, die unser Zugehörigkeitsgefühl bestärken – Teil einer Familie zu sein, unser Arbeitsumfeld auszuwählen und vielleicht sogar einer Chatgruppe beizutreten. Zugehörigkeit ist ein entscheidendes Fundament für Zufriedenheit, das Thema, mit dem wir uns im nächsten Kapitel beschäftigen werden.

4. WIE WIR ZUFRIEDENHEIT ERLANGEN

Inneren Frieden, Erfüllung und Lebenssinn finden

Der hohe Stellenwert, den wir kollektiv dem Glücklichsein beimessen, steht unserer Zufriedenheit häufig im Weg. Glück ist, wenn wir Freude empfinden: ein Zustand, in dem alles leuchtender ist. Stellen Sie sich Glück als die Spitze der freudigen Überraschung vor, die Sie über die unerwartete Nachricht einer Freundin empfinden, oder wenn Sie bei der Arbeit früher Schluss machen können und Zeit für einen Spaziergang in der Sonne haben. Ich halte Glück für ein kurzfristiges Gefühl. Ständig glücklich zu sein ist unmöglich.

Ich möchte mich in diesem letzten Kapitel deshalb lieber darauf konzentrieren, was Zufriedenheit für Sie bedeutet. Zufriedenheit heißt, mit dem eigenen Leben zufrieden zu sein; sie ist ein Standardmodus im Hintergrund, den wir langfristig anstreben sollten. Wenn wir die ganze Palette unserer Gefühle akzeptieren – die schwierigen wie die angenehmen –, können wir uns von ihnen durchs Leben führen lassen. Dieses Kapitel soll Ihnen dabei helfen, die unterschiedlichen Gefühle zu verstehen und mit ihnen umzugehen, damit Sie Ihre Fähigkeit zum Glücklichsein und eine grundlegende Zufriedenheit entwickeln können.

Stress und Angst bewältigen

Jedes Alter hat seine stressigen Seiten: Prüfungen, die man bestehen muss, den gewünschten Job zu bekommen, in einem Job auszuharren, den man hasst, Konflikte, der Wunsch nach einem Partner, Durststrecken, Kinderwunsch, die Babyfalle, finanzielle Sorgen, Wohnungssorgen, Einsamkeit, Scheidung, Relevanz, Lebenssinn, das Streben nach mehr Erfolg, mehr Geld, größerer Fitness, besserem Sex, glatterer Haut, späte Elternschaft, lernen, wann man kürzer treten muss, die Gestaltung der letzten Lebensjahre, der Umgang mit zunehmender Gebrechlichkeit. Es ist anstrengend, etwas zu tun, das einen überfordert oder das man noch nie getan hat und das vielleicht nicht funktioniert. Noch schlimmer ist, wenn man erreicht, was man sich vorgenommen hat, und trotzdem nicht die erwartete Erleichterung empfindet. Wir können in jedem Alter mit der Herausforderung konfrontiert werden, unser Selbstbild mit unserer äußeren Realität in Einklang bringen zu müssen.

Dass wir Stress und Angst empfinden, kann unzählige Gründe haben und vorübergehend oder dauerhaft sein. Doch Stress ist nicht grundsätzlich schlecht: sich zu stressen, ist eine Methode, das Gehirn fit zu halten. Keinen Stress zu haben bedeutet, sein Gehirn nicht zu trainieren. Guter Stress funktioniert als positiver Stimulus und spornt uns an, neue Dinge zu lernen und kreativ zu sein, ist aber nicht so überwältigend, dass er Panik bei uns auslöst. Außerdem bilden sich beim Lernen neue neuronale Verbindungen, und je mehr wir davon haben, desto besser. Falls ein Teil des Gehirns abstirbt, bedeutet eine größere Anzahl dieser neuronalen Verbindungen, dass sich andere Teile des Gehirns schneller vernetzen können, um den beschädigten Teil zu kompensieren.

Aber man kann alles übertreiben. Ein anhaltend hohes Stresslevel kann zu Panik und Dissoziation führen. Dissoziation bezeichnet eine fehlende Verbindung zwischen unseren Gedanken, Sinneswahrnehmungen, Gefühlen und unserem Handeln, die wie eine Art Amnesie erlebt wird. Panik und Dissoziation können wiederum zu Burn-out führen. Was können wir also tun, um das zu vermeiden?

Ich erhielt eine Zuschrift von einem jungen Mann, bei dem Stress und Angstzustände ein solches Ausmaß angenommen hatten, dass sie sein tägliches Leben beeinträchtigten.

> Ich bin 32 Jahre alt, beruflich erfolgreich und führe eine liebevolle Beziehung. Aufgrund von traumatischen Erfahrungen als Kind und Erwachsener habe ich gesundheitliche Probleme. Momentan heißt das konkret, dass mein Angstniveau so hoch ist, dass ich jeden Morgen starr vor Panik aufwache. Nur mit Mühe bringe ich die Motivation auf, aufzustehen, mich zu waschen, anzuziehen und loszugehen.
>
> Aber es ist nicht nur das. Bereits der bloße Gedanke daran, die sicheren Grenzen meines Zimmers zu verlassen, löst körperliches Unwohlsein bei mir aus. Um der Realität zu entfliehen, schaue ich mir immer wieder dieselben Serien an, aber wirklich sicher fühle ich mich nur nachts, wenn alle schlafen und ich allein bin – dann ist die Welt ruhig, und es gibt nur noch mich.
>
> Ich habe Angst vor einer Katastrophe und davor, dass andere etwas von mir erwarten. Ich fürchte mich davor, in ihren Erwartungen gefangen zu sein und sie nicht erfüllen zu können. Bei der Arbeit bin ich demotiviert und

erbringe nur mit Mühe die geforderte Leistung. Mein Job ist mit extremem Druck verbunden, und ich bin die ganze Zeit völlig verunsichert. Was kann ich tun?

Zeit alleine zu verbringen ist für diesen Mann eine Möglichkeit, sein inneres Gleichgewicht wiederherzustellen. Dieselben Sendungen laufen zu lassen, bei denen er genau weiß, was als Nächstes passieren wird, gibt ihm ein Gefühl von Kontrolle über die Zukunft, weil er den Ausgang der Geschichte vorhersagen kann. Dass er das nach seinen traumatischen Erfahrungen beruhigend findet, ist nachvollziehbar. Im weiteren Verlauf dieses Kapitels werden wir uns noch näher mit dem Thema Trauma befassen, doch häufig bedeutet Trauma einfach, dass jemand Schocks erleidet. Was der Mann erzählt, klingt so, als befände sich sein Körper in ständiger Alarmbereitschaft. Seine angespannten Muskeln warten nur darauf, den Schock abzufedern, wenn »es« das nächste Mal passiert – was immer dieses »es« ist. Wie der Mann im Beispiel können auch wir in die Falle tappen, unsere körperlichen Reaktionen an der Vergangenheit auszurichten statt an der Gegenwart. Unsere Ängste funktionieren als eine Art Krücke, aber das ist weniger hilfreich, als wir unbewusst annehmen.

Um Stress zu bewältigen, entwickeln wir bestimmte Strategien. Manche Menschen sprechen offen darüber, andere versuchen es mit Meditation, Psychotherapie, Religion oder Sport. Andere Bewältigungsstrategien wiederum sind weniger zuträglich: Alkoholismus, Arbeiten bis zum Umfallen, die ausschließliche Konzentration darauf, wie etwas aussieht, statt wahrzunehmen, wie es sich anfühlt. Die Nacht durchzumachen, ununterbrochen zu arbeiten, körperliche Bedürfnisse zu vernachlässigen, kein privates oder soziales

Leben zu haben, ist als Notlösung akzeptabel, aber der Notbehelf-Modus darf nicht zur Norm werden. Die weniger gesunden Bewältigungsmethoden schaden uns auf Dauer und lösen eine Krise aus, wenn der Körper irgendwann kollabiert oder gegen den Missbrauch rebelliert. Eine Frau schilderte mir in einem Brief, wie eine Essstörung, die sie seit Jahrzehnten überwunden glaubte, aufgrund der Pandemie und durch den Tod ihres Mannes zurückkehrte. Anorexie war für sie ein alter Bewältigungsmechanismus, und es ist nicht weiter verwunderlich, dass sie in einem Moment von intensivem Stress erneut darauf zurückgriff. Und sie ist damit nicht allein: Viele von uns sind während der Pandemie in selbstzerstörerische Verhaltensweisen zurückgefallen, weil es eine stressige Zeit war, die uns überfordert hat. Niemand braucht sich dafür zu schämen, dass es Momente gibt, in denen alles zu viel ist. Stärke beweisen wir nicht durch Resilienz, sondern indem wir unsere Verletzlichkeit erkennen und annehmen. Das Letzte, was ein Mensch in einer schwierigen Lage braucht, ist Scham – wir brauchen Hilfe und Mitgefühl, angefangen beim Mitgefühl für uns selbst.

Wenn Sie vor Stress und Angst nicht mehr klar denken können, so empfehle ich Ihnen noch einmal, auf Ihren Atem zu achten. Versuchen Sie es jetzt: Unterbrechen Sie Ihre Lektüre für ungefähr zehn Sekunden und beobachten Sie Ihre Atmung. Anschließend versuchen Sie es zwanzig Sekunden lang, und es ist völlig gleichgültig, ob es ein wenig kürzer oder länger dauert – ich möchte vor allem, dass Sie ganz bewusst einatmen und ausatmen. Auf diese Weise sind Sie im Hier und Jetzt in Kontakt mit sich selbst. Verlangsamt sich Ihre Atmung, wenn Sie sie beobachten? Bleiben Sie morgens vor dem Aufstehen noch ein, zwei Minuten im Bett liegen und nehmen Sie bewusst Ihren Atem wahr. Wenn Ihre Aufmerksamkeit abschweift, lenken Sie sie auf den Atem zurück. Ich weiß nicht, wie es Ihnen ergangen ist, aber ich habe beim Tippen einen Moment innegehalten und diese Übung gemacht und bin etwas ruhiger geworden – und alles, was uns ein wenig beruhigt, hilft. Sich fünf Minuten am Tag auf seine Atmung zu konzentrieren, kann einen positiven Unterschied machen.

Eine ähnlich nützliche Übung bei Angstzuständen ist der Body-Scan. Dabei wandern Sie in Gedanken durch Ihren Körper und stellen fest, welche Muskeln angespannt und welche locker sind. Ich verwende dazu gern das Beispiel eines adoptierten Hundes. Stellen Sie sich vor, Sie nehmen einen Hund aus dem Tierheim bei sich auf. Sie heben die Hand, um ihn zu streicheln, doch er zuckt zurück, weil er Angst hat, geschlagen zu werden. Diese Reaktion basiert zwar auf vergangenen Erfahrungen, doch der Hund hat sich angewöhnt, instinktiv auch in der Gegenwart so zu reagieren. Wir funktionieren genauso. Waren wir in der Vergangenheit, aus welchen Gründen auch immer, hypervigilant, bleibt unser Körper auch in der Gegenwart angespannt, was wiederum unsere Gefühle beeinflusst. Wir speichern Emotionen in unserem Körper, doch wir können darauf achten, was mit unserem Körper passiert, wenn wir bestimmte Dinge denken oder fühlen, und entsprechend entgegensteuern. Probieren Sie aus, wie es sich anfühlt, Stellen anzuspannen, in denen Sie bereits Verkrampfungen bemerken, und an Stellen, die sich locker anfühlen, noch lockerer zu lassen. Machen Sie das ganz langsam, und achten Sie darauf, wie Sie sich dabei fühlen. Sorgt die Übung dafür, dass Ihre Beklemmung stärker oder schwächer wird? Beruhigt oder stresst sie Sie? Sich noch mehr anzuspannen ist einfacher, als locker zu lassen, aber je bewusster wir wahrnehmen, was

Anspannung bei uns auslöst, umso besser können wir dagegen angehen. Diese Übung wird Ihnen außerdem helfen, sich weniger auf Ihren Verstand zu konzentrieren und mehr auf Ihre Sinneswahrnehmung.

Eine weitere Übung, die ich gern empfehle, um die durch Ihren Kopf wirbelnden Ängste zum Stillstand zu bringen, besteht darin, die eigenen Befürchtungen aufzulisten und durchzunummerieren. Beschreiben Sie sie so detailliert wie möglich. Anschließend wandeln Sie alle »Was wäre, wenn« in »Na wenn schon« um und beobachten, wie sich die sprachliche Veränderung anfühlt. Ich bin überzeugt, dass jede und jeder einen inneren Beobachter entwickeln und pflegen muss. Wahrzunehmen, was in Ihnen vorgeht, wann Sie gestresst, verängstigt oder extrem beschäftigt sind, mag für Sie nicht die oberste Priorität haben, aber in uns hineinzuhören sollte ganz oben auf der Agenda stehen, denn unsere Gefühle sind wie Warnleuchten auf dem Armaturenbrett Ihres Autos. Niemand würde es für eine kluge Idee halten, bei einem Auto das Warnlicht der Tankanzeige auszubauen, und genauso müssen wir unsere Gefühle im Auge behalten, statt sie zu unterdrücken. Sie sind dazu da, uns mitzuteilen, wann wir Ruhe, Zeit zum Spielen oder die Nähe zu anderen brauchen. Wenn wir sie ignorieren, schreien sie nur umso lauter, sprich, sie sorgen dafür, dass wir uns noch schlechter fühlen. Wer seine Gefühle ignoriert und nicht berücksichtigt, der riskiert, dass sie eine Meuterei anzetteln. Gefühle sind wie Angestellte: Ignoriert oder unterdrückt man sie, werden sie rebellieren. Mein Rat lautet, ihnen zuzuhören, ihre Berichte bei Entscheidungen einzubeziehen und sie als Hilfe einzuspannen. Wir sollten sie weder ignorieren noch von ihnen beherrscht werden. Wie bei den meisten Dingen heißt es, einen Mittelweg zu finden, also Entscheidungen zu treffen, bei denen sowohl der Kopf als auch das Herz befragt werden.

Haben wir unsere Emotionen im Blick, können wir sie nutzen, statt uns von ihnen benutzen zu lassen. Das bedeutet, ein Gefühl wahrzunehmen, sobald es sich meldet, ihm zuzuhören und erst dann zu handeln. Indem wir ein Gefühl beobachten, vermindern wir die Gefahr, von ihm überwältigt zu werden. Um auf den Mann zurückzukommen, der mir geschrieben hat: Es besteht ein Unterschied, ob man sagt »Ich habe Angst« oder »Ich spüre, dass ich Angst habe«. Die Formulierung »Ich habe Angst« definiert die Person als Ganzes. Bei »Ich spüre, dass ich Angst habe« ist ein Teil der Person Beobachter und damit weiterhin in der Lage, eine Entscheidung zu treffen. Wir können unsere Gefühle berücksichtigen, ohne uns zur bloßen Reaktion auf sie zu reduzieren.

Alltagsweisheit
Beobachten Sie Ihre Gefühle, aber lassen Sie sich nicht von ihnen beherrschen. Damit Sie nicht völlig von Ihren Gefühlen überwältigt werden, muss ein kleiner Teil von Ihnen neutraler Beobachter bleiben.

Wie also können wir diese Beobachterrolle stärken? Ich empfehle, Ihre Stimmungen, Empfindungen und Beobachtungen in einem Tagebuch zu notieren. Der Beobachter in Ihnen nimmt einfach nur die unterschiedlichen Gefühle und Empfindungen wahr – ohne Anteil an der Dankbarkeit, Angst, Liebe oder Furcht zu haben, die Sie spüren. Sprechen Sie aus dieser Rolle heraus und sagen Sie statt »Ich bin verängstigt« besser »Mir fällt auf, dass ich mich verängstigt fühle«. Schaffen Sie eine innere Distanz zwischen sich und Ihrem negativen Gefühl. Sie können sich sogar noch weiter abgrenzen, indem Sie dem Gefühl eine Identität geben und es »Frau / Herr Angst« nennen, oder was immer Ihnen passend erscheint. Es ist bloß ein kleiner Kniff, aber Sie werden feststellen, dass er einen Unterschied macht. Als ich dem Mann, der mir geschrieben hat, diesen Ratschlag gab, antwortete er mir, seiner Angst einen Namen zu geben, habe mehr bewirkt, als er für möglich gehalten hätte. Die Tatsache, dass er seine Gefühle einer Fremden in einer E-Mail schilderte, nahm ihm sehr wahrscheinlich auch etwas von seiner Last ab. Indem er alles niederschrieb, konnte er sich beobachten, statt von seiner Angst völlig vereinnahmt zu werden.

Viele Menschen schreiben mir über Stress und Überforderung am Arbeitsplatz. Wir alle kennen die Statistiken zu Burn-out, doch als Individuum sind unsere Möglichkeiten, uns zu schützen, begrenzt – denn zum Teil ist auch unsere Kultur schuld. Tragen wir zu einer Kultur bei, in der man ausschließlich Stärke, aber keine Verletzlichkeit zeigen darf, sind wir Teil des Problems. Stellen wir Profite über die Menschen, die sie erwirtschaften, sind wir Teil des Problems. Ich finde, die moralische Unsitte, aus Angestellten und Vertragspartnern das Maximum zum geringstmöglichen Preis herauszuholen, sollte nicht hinter Angeboten für Beratungsgespräche und Achtsamkeitsworkshops versteckt werden. Die Menschen zu missachten, die für uns arbeiten, ist ebenso gefährlich, wie unsere Gefühle zu ignorieren. Wir brauchen ein Arbeitsumfeld, in dem wir einander zuhören, aufeinander Rücksicht nehmen und miteinander, nicht gegeneinander arbeiten.

Den inneren Kritiker besiegen

Wir alle haben einen inneren Kritiker, aber bei manchen von uns ist er besonders laut. Das hat viel damit zu tun, wie wir aufgewachsen sind und welches Wertesystem wir von den Menschen in unserem Umfeld übernommen haben. Wenn sie uns behandelt haben, als wären wir wertlos oder nur dann »gut«, wenn wir wie sie waren, wird sich diese Art zu denken bei uns festgesetzt haben. Fehlende Anerkennung kann zu der Annahme führen, man sei irgendwie ungenügend. Das manifestiert sich dann mitunter in einem ausgeprägten Bedürfnis, sich zu beweisen, dem Wunsch, denjenigen, die nicht an uns geglaubt haben, zu zeigen, dass wir etwas im Leben erreichen können. Doch selbst wenn wir erreichen, was wir uns vorgenommen haben, scheint es nie genug zu sein. Für viele von uns ist das der ursächliche Grund für unsere kritische Haltung uns selbst gegenüber – für den inneren Kritiker, der nie zufrieden mit uns ist.

Der folgende Brief einer Frau beschreibt eine besonders laute innere Kritikerin.

> Ich bin fast 40 Jahre alt, aber erst vor Kurzem ist mir bewusst geworden, dass ich keine Ahnung habe, was mich eigentlich glücklich macht. Ich bin verheiratet, habe Kinder und beruflichen Erfolg. Wir sind finanziell abgesichert. Ich habe keinen Grund zu klagen. Trotzdem habe ich mein ganzes Leben lang nur eines gewollt, nämlich Schriftstellerin zu sein. Drei meiner Bücher sind bei einem großen Verlag erschienen, waren aber nicht erfolgreich. Ich fühle mich deshalb als Versagerin, auch wenn ich zu hören bekomme, ich solle stolz auf mich sein. Ich

> sage mir immer wieder, dass ich nicht aufgeben darf, finde es aber zunehmend schwieriger, einen Grund zum Weitermachen zu finden. An meinen alten Traum klammere ich mich nur noch aus Gewohnheit – und weil er ein immer blasser werdender Funke in einer ansonsten grauen Landschaft ist.
>
> Wie kann ich lernen, zu genießen, was ich habe, und mich nicht mehr so leer fühlen?

Diese Frau wollte Schriftstellerin sein und ist es nun auch, doch das hindert ihre innere Stimme nicht daran, ihr zu erklären, dass sie als Schriftstellerin eine Niete ist. Häufig ist diese Art Stimme allerdings nicht so hilfreich, wie sie sich einbildet. Wenn es Ihnen ähnlich geht wie dieser Frau und auch Ihnen eine Stimme zuflüstert, Sie seien nicht gut, klug oder sonst was genug, um Ihre Wünsche zu verwirklichen, so fragen Sie sich bitte einmal, wo sie herkommt, diese Stimme in Ihnen. An wen erinnert sie Sie? Einen Elternteil, der solche Angst hatte zu versagen, dass er nie etwas ausprobiert hat? An einen überkritischen Lehrer? An jemanden, der Ihnen erklärt hat, sichtbarer Erfolg sei alles, was zählt, und das zu tun, was Ihnen guttut, sei wertlos? Wer immer es ist – vielleicht wollte die Person Ihnen helfen, hat aber genau das Gegenteil erreicht. Achten Sie darauf, sich nicht unter Druck zu setzen, und verfallen Sie nicht dem Irrglauben, Sie müssten heller leuchten und dann noch heller, um diesen Menschen zu beweisen, dass sie sich irren.

Unsere Aufgabe besteht darin, diesen inneren Kritiker zu erkennen. Man kann lernen, ihn zu beobachten, statt automatisch davon auszugehen, dass er recht hat. Er hat nicht recht, er ist bloß vertraut. Und da besteht ein Unterschied. Zum Verstummen werden wir ihn nicht bringen, denn er wird sich immer wieder zu Wort melden, aber wir können ihn beobachten, isolieren und in eine kleine schalldichte Zelle sperren. Von Zeit zu Zeit wird er einen Schlüssel finden und wieder herauskommen, aber dann können wir ihm einfach sagen: »Ach, du schon wieder, heute passt es leider nicht, schönen Tag noch.« Führen Sie keinen Dialog mit dem inneren Kritiker und lassen Sie sich auch sonst nicht auf ihn ein. Nehmen Sie wahr, wenn Sie sich schlechtmachen, und distanzieren Sie sich von diesen selbstkritischen Gedanken. Sie sind nichts weiter als eine Gewohnheit, und sie ziehen Sie herunter.

Natürlich können uns Fehler unterlaufen, aber sie sind nun einmal unumgänglich, wenn wir etwas lernen wollen. Unterläuft uns ein Fehler, ist das meist etwas Spezifisches, das sich in der Regel wieder in Ordnung bringen lässt. Die kritische Stimme hingegen kritisiert platt und pauschal. Sie sagt nichts Nützliches wie »Du hast zu viel Kupferoxid in die Glasur gegeben, deshalb ist sie nun schwarz statt grün«, sondern »Du bist nutzlos, du wirst nie gut im Töpfern sein«. An Kommentaren wie dem letzten erkennt man den inneren Kritiker und dass man sich von ihm distanzieren muss.

Statt auf den inneren Kritiker zu hören oder, noch schlimmer, ihm zu gehorchen, richten Sie Ihre Energie lieber auf Dinge, die Ihnen Freude bereiten. Handeln Sie nach Ihren eigenen Wünschen, Hoffnungen und Träumen. Gelegentlich begehen wir den Fehler zu glauben, wir müssten gut in etwas sein, um es zu tun. Glücklicherweise sah das der Chor, dem ich beigetreten bin, nicht so. Mein Gesang machte zwar keine großen Fortschritte, aber ich liebte es, Teil der gemeinsamen Anstrengung zu sein, und ich habe etliche gute Freunde dort gefunden. Es geht nicht darum, sich selbst als gut oder schlecht zu beurteilen. Wenn Sie denken, etwas tauge nur, wenn es absolut brillant ist, dann ist das eine unrealistische Betrachtungsweise. Es geht darum, zu tun, was man schon immer tun wollte. Und es kann so befreiend sein, das zu erkennen.

Ihr innerer Kritiker kann sich auch durch Schuldgefühle zu Wort melden. Davon gibt es zwei Arten: nützliche und neurotische. Schuldgefühle ähneln einem Warnlicht auf dem Armaturenbrett, man darf sie nicht ignorieren. Wenn sich Schuldgefühle mit einem bestimmten Verhalten in Verbindung bringen lassen, können wir mit ziemlicher Sicherheit davon ausgehen, dass es sich um nützliche Schuldgefühle handelt. Sie sind ein Signal, dass sich etwas ändern muss. Wenn Sie jedoch Ihr Bestes geben und sich trotzdem schuldig fühlen, dann rührt Ihr schlechtes Gewissen sehr wahrscheinlich nicht daher, dass Sie nicht Ihr Bestes geben, sondern weil Ihr innerer Kritiker es Ihnen einredet. Diese Art Schuldgefühle werden unter Umständen als eine eher unspezifische Angst wahrgenommen.

Falls Sie sich trotz allem als Versager betrachten und den inneren Kritiker nicht zum Schweigen bringen können, dann sollten Sie Ihre Einstellung gegenüber dem Scheitern ändern. Es ist in Ordnung zu scheitern. Es ist notwendig zu scheitern. Wer nie gescheitert ist, hat auch nie etwas getan. Ob uns etwas gelingt oder nicht, hängt genauso stark von äußeren Faktoren ab wie davon, wie wir zu uns selbst sprechen. Ich denke dabei an die Zuschrift eines Mannes, der von seinen Eifersuchtsgefühlen berichtete.

> Vor Kurzem ist mir bewusst geworden, dass ich ein zutiefst eifersüchtiger Mensch bin, was mich sehr unglücklich macht. Ich bin auf alle meine Freunde eifersüchtig, auf meine Freundin, auf den Strom der Menschen, die

> in den sozialen Medien an mir vorbeiziehen, und auf jeden, der auch nur annähernd »Erfolg« oder Talent hat. Jede positive Eigenschaft eines anderen wird zu einer Eigenschaft, die mir fehlt, und stellt einen Minuspunkt auf meinem Konto dar.
>
> Um herauszufinden, ob ich »erfolgreicher« bin oder mehr Spaß habe, vergleiche ich mich und meine Arbeit ununterbrochen mit jedem, dem ich über den Weg laufe. Wann immer ich unterwegs bin, sehe ich nur Leute, die sehr viel talentierter sind als ich, Kunstwerke, die mir nie gelingen werden, oder Fähigkeiten, die ich nie haben werde.
>
> Die ganze Zeit reibe ich mich daran auf, dass meine Arbeit schlechter ist als die aller anderen. Ich arbeite als Freelancer in der Kreativbranche, und unsere Arbeiten werden ständig verglichen. Bei mir hat das zu immer größerer Niedergeschlagenheit und Depressionen geführt. Wie kann ich das grünäugige Eifersuchtsmonster töten?

Das grünäugige Monster lässt sich nicht umbringen, aber wir können es aus einem anderen Blickwinkel betrachten. Unterscheiden Sie Neid von Eifersucht. Stellen Sie sich Eifersucht eher als das Gefühl vor, die Mutter nicht mit den Geschwistern teilen zu wollen oder einem potenziellen Rivalen die Pest an den Hals zu wünschen. Neid empfinden wir hingegen, wenn jemand etwas hat, was wir auch haben wollen. Betrachten Sie Neid nicht als etwas Schlechtes, sondern als Information. Was wir uns wünschen, lässt sich mitunter nur schwer herausfinden, und Neid ist ein Gefühl, das uns dabei helfen kann, zu erkennen, was wir erstrebenswert finden. Halten Sie Neidgefühle nicht für pathologisch, sondern betrachten Sie sie als normalen Bestandteil eines mentalen

Verarbeitungsprozesses, der uns hilft, uns über unsere Wünsche klar zu werden, und der uns motiviert, diese zu verwirklichen.

Neid kann allerdings auch die Stimme unseres inneren Kritikers verstärken. Vielleicht haben wir in unserer Kindheit die Angewohnheit entwickelt, uns mit einem Geschwisterkind zu messen und uns ihm als unter- oder überlegen zu betrachten. War dies der Fall, übertragen wir das nun womöglich auf alle unsere Beziehungen und vergleichen uns ständig. Wenn wir den Erfolg eines anderen persönlich nehmen und als würde er ein Licht auf uns werfen und nichts mit der anderen Person zu tun haben, dann vergleichen wir deren äußerlich sichtbaren Erfolg mit unseren eigenen Gefühlen von Unzulänglichkeit. Mit anderen Worten, wir vergleichen das äußere Erscheinungsbild von anderen mit unserer inneren Welt. Ich würde Ihnen raten, mehr über die inneren Welten Ihrer Mitmenschen herauszufinden. Reden Sie mit Freunden, Partnern und Kollegen über Neid. Stellen Sie fest, dass auch sie wissen, wie es ist, neidisch zu sein. Je mehr wir diese Neidgefühle für uns behalten, umso mehr Macht wird der innere Kritiker über uns haben.

Alltagsweisheit
Betrachten Sie Neid als eine Information, die uns darauf aufmerksam macht, was wir uns wünschen. Neid kann ein Auslöser sein, unsere Ziele zu erkennen und unseren Ehrgeiz anzustacheln.

Es wird immer Menschen geben, die talentierter sind als wir selbst: Lernen Sie von ihnen und arbeiten Sie mit Ihnen zusammen, statt sie als Konkurrenten oder potenzielle Ursache für Kummer zu betrachten. Warum sollten Sie sich nicht mit jemandem zusammentun, der eine Eigenschaft besitzt, die sowieso nicht Ihrem Wesen entspricht? Genau deshalb arbeiten wir ja in Teams – jede und jeder von uns besitzt andere Qualitäten, mit denen wir zu Problemlösungen beitragen können. Wir müssen nicht alles im Alleingang tun.

Wenn Sie Ihrem inneren Dialog zuhören, verläuft er jedes Mal nach einem vertrauten Muster? Fragen Sie sich, was Sie zu sich selbst sagen, wenn Sie auf Ablehnung stoßen. Hier drei denkbare Optionen:

a) Diesen Leuten fehlt doch jede Vision. Ich bleibe bei meiner Meinung und ziehe das durch.
b) Sie hatten recht, ich werde aufgeben.
c) Das Feedback war schwer zu verdauen, aber manches war nützlich. Ich werde ein paar Sachen ändern und es weiter versuchen.

Ob wir eher bei a, b oder c landen, hat wahrscheinlich mehr mit unseren kumulierten Erfahrungen in der Vergangenheit zu tun als damit, in der Gegenwart den fruchtbarsten Weg nach vorn zu wählen. Wenn Sie sich dabei ertappen, dass Sie ständig Vergleiche ziehen, gratulieren Sie sich dazu, dass es Ihnen aufgefallen ist, und verlagern Sie Ihren Fokus. Sie werden sich nicht über Nacht bessern, aber mit etwas Übung wird sich dieses Verhalten nach einiger Zeit ändern. Es ist lediglich etwas, was Sie sich angewöhnt haben, und Sie können neue Verhaltensweisen entwickeln.

Den Sündenbock suchen

Unser innerer Kritiker kann uns auch dabei in die Quere kommen, wenn wir unsere Probleme anpacken wollen und er stattdessen etwas anderes in unserem Leben dafür verantwortlich macht. Eine Frau in ihren Siebzigern schilderte mir, dass Bedauern und Enttäuschung an ihr nagen. Sie erklärte, äußerlich zwar glücklich, ruhig und extrovertiert zu wirken und viele Freunde und Interessen zu haben, doch diese Fassade verdecke nur ihre innere Unzufriedenheit. Sie bedauerte, zu jung geheiratet und ihren Mann nie wirklich geliebt zu haben. Sie schämte sich, dass sie sich manchmal wünschte, er würde einfach verschwinden. Seine unermüdliche Unterstützung und seine unerschütterliche Liebe zu ihr, obwohl sie am Anfang ihrer Ehe eine Affäre gehabt hatte, verstärkten ihre Scham noch mehr.

Die Affäre hatte einige Monate gedauert, danach war sie zu ihm zurückgekehrt, weil sie sich einsam fühlte, und mittlerweile waren sie seit über fünfzig Jahren zusammen. Sie hatten Kinder und Enkel, und sie wusste, dass sie allen Grund zur Dankbarkeit hatte. Trotzdem bedauerte sie, keinen Lebenspartner gewählt zu haben, zu dem sie sich mehr hingezogen fühlte und der besser zu ihr passte. Ganz ähnlich ging es ihr in Bezug auf ihre berufliche Karriere, die nach außen hin erfolgreich aussah und sie beschäftigte, aber nicht befriedigte. Sie schrieb mir, weil sie diese ständig aufkommenden Gefühle von Unzufriedenheit und Bedauern loswerden und Zufriedenheit finden wollte.

Die Vorstellung, es gäbe immer eine perfekte Wahl, lässt sich durchaus hinterfragen. Ich habe den leisen Verdacht, dass es bei dieser Frau eigentlich nicht darum geht, dass sie mit ihrem Mann eine schlechte Wahl getroffen zu haben glaubt, sondern dass sie grundsätzlich alle ihre Entscheidungen anzweifelt. Deshalb geht es ihr auch mit ihrem Beruf nicht anders, obwohl sie ihn weiterhin ausübt. Wir denken natürlich alle über »Schicksalsmomente« nach, und es ist ganz normal, manches im Leben zu bedauern. Trotzdem glaube ich, dass einem Teil von ihr bewusst ist, dass ihre Unzufriedenheit ein inneres Problem ist. Schließlich hat sie mich nicht gebeten, ihr bei der Suche nach einem anderen Mann oder einem anderen Beruf zu helfen. Sie hat ihr Problem ganz richtig in ihren bedrängenden Gedanken erkannt, das heißt, sie weiß in ihrem tiefsten Inneren, dass der Fehler nicht in ihren früheren Entscheidungen liegt, sondern eher in den Gedanken, die sie sich darüber macht und die ihr das Leben verderben.

Das Grundgefühl dieser Frau ist Unzufriedenheit, und sie hält es durch ständiges Bedauern am Leben. Sie bedauert ihre Ehe und die Berufslaufbahn, die sie eingeschlagen hat. Und es würde mich nicht überraschen, wenn sie auch bereuen würde, welche Kurse sie beim Abitur gewählt hat oder für welches Haus sie und ihr Mann sich entschieden haben. Was also geht hier vor sich?

Alltagsweisheit
Es ist entschieden einfacher, etwas außerhalb von uns für unsere Unzufriedenheit verantwortlich zu machen, als in uns selbst nach der Ursache zu forschen.

Diese Frau spielt das Bedauern-Spiel, und es gibt noch viele andere Spiele und Denkweisen, mit denen wir uns quälen können. Manche von uns haben ein Faible für das Sorgen-Spiel: Kaum ist eine Sorge aus dem Weg geräumt, rückt die nächste ins Blickfeld. Durch diese Spiele vermeiden wir, uns selbst infrage zu stellen, schließlich glauben wir, dass die Ursache für unsere Grundstimmung außerhalb von uns zu suchen ist und nicht in uns. Damit will ich nicht sagen, dass äußere Gegebenheiten und Ereignisse keinen Einfluss darauf haben oder haben sollen, wie wir uns fühlen. Wovon ich hier rede, ist unsere Grundstimmung beziehungsweise unser Hintergrundgefühl und die Frage, warum wir an diesem Zustand festhalten, obwohl er nicht angenehm ist. Die gute Nachricht lautet: Es liegt in unserer Macht, dies zu ändern.

In den 1960ern bestand eine der wenigen Behandlungsmethoden von schwerer Epilepsie darin, die Nervenbahnen zwischen der linken und der rechten Hirnhälfte zu durchtrennen. Um dies weiter zu erforschen, untersuchten der Neurowissenschaftler Roger Sperry und sein Team in mehreren Experimenten, was geschieht, wenn die beiden Hirnhälften nicht miteinander kommunizieren können, und fanden dabei heraus, dass Menschen immer einen Grund für ihre Gefühle finden. Häufig sind diese Gründe allerdings blanker Unsinn. Wir umspinnen unsere Gefühle mit Geschichten und Gründen, die reine Erfindung sind.

Ließen die Wissenschaftler den Befehl »LAUFEN« im Gesichtsfeld der rechten Hirnhälfte der Versuchspersonen aufleuchten (indem sie das rechte Auge abdeckten – das linke Auge ist mit der rechten Hemisphäre verbunden, das rechte mit der linken Hemisphäre), standen diese auf und liefen los. Wenn man sie anschließend fragte, warum sie das taten, hatten sie immer eine Begründung parat. Sie sagten nicht etwa »Ich weiß es nicht« oder »Ich wollte das« oder »Mir wurde ein Signal gezeigt«. Nein, wir denken uns in einer solchen Situation eine Geschichte aus »Ich wollte mir eine Cola holen« oder »Ich fühlte mich ein bisschen steif und musste herumlaufen«. Mit anderen Worten, der Teil des Gehirns, der sich einen Reim zu machen versucht und der beim Experiment von der für Gefühle zuständigen Hirnhälfte getrennt war, erfand eine Geschichte.

Aber auch wenn die beiden Hälften unseres Gehirns nicht getrennt sind, denken wir uns Gründe für unsere Gefühle und Verhaltensweisen aus. Kann das Gehirn keinen Grund finden, erklärt es nicht selten den nächstbesten Gegenstand oder die nächstbeste Person zur Ursache unseres Unglücks. In unserem Fallbeispiel besteht der vermeintliche Grund für die Unzufriedenheit unserer Heldin darin, dass sie den falschen Mann oder aber zu jung geheiratet hat. Obwohl es ihr ohne ihren Mann schlechter ging, hält sie an dem Narrativ fest, er sei der Falsche und daher die Ursache ihrer Unzufriedenheit. Das geschieht, weil es uns schwerfällt, unsere wahren Gefühle zu untersuchen, unsere frühesten Erinnerungen noch einmal zu durchleben und unsere Begründungen von unseren Erfahrungen zu trennen. Es ist schwer, unsere Emotionen ohne die Gedanken und Begründungen zu fühlen, mit denen wir sie rechtfertigen.

Als Psychotherapeutin habe ich die Erfahrung gemacht: Je mehr wir unser Narrativ emotional aufladen, desto unwahrscheinlicher ist es, dass es sich als die tatsächliche Ursache erweist. Fakten nehmen wir emotional unbeteiligt auf. Wenn ich sage, das Gras sei grün, werde ich mich, wenn Sie es für blau halten, über Ihre abweichende Meinung nicht aufregen. Wenn Sie hingegen eine meiner Ansichten infrage stellen, die ich für einen Fakt halte, obwohl sie lediglich eine Vorstellung ist, löst das mehr bei mir aus, und meine Erwiderung wird emotionaler ausfallen. Sollten Sie beispielsweise behaupten, Hunde seien bessere Haustiere als Katzen, werden wir uns in die Haare kriegen. Ich glaube, wenn die Frau von eben an ihren Mann denkt, tut sie das mit einem aufgeladenen Gefühl, um ihren gewohnten Gedankengang zu unterstützen, wonach ihre Unzufriedenheit auf ihre falsche Wahl zurückzuführen sei. Aber vielleicht ist das ja gar nicht so. Vielleicht ist er ein passabler Ehemann, und vielleicht könnte ich mich auch auf einen Hund als Gefährten einlassen. Wir verfallen bei unseren Gedanken und Denkweisen in Gewohnheiten, aber sie sind eben nichts weiter als eine Gewohnheit. Und nicht die Wahrheit.

Statt anderen Menschen oder Dingen die Schuld an Problemen zu geben, leben wir unsere negativen Gefühle und Erfahrungen manchmal auch an uns selbst und unserem Körper aus. Eine Körperdysmorphie ist eine psychische Erkrankung, bei der wir nicht aufhören können, über einen vermeintlichen Fehler an unserem Körper nachzudenken. Dabei spielt es keine Rolle, ob andere diesen vermeintlichen Fehler für einen Makel halten oder nicht – wir schämen uns trotzdem dafür und sind verunsichert. Und das wirkt sich negativ auf unser Leben aus. Eine Körperdysmorphie kann die Folge davon sein, dass wir als Kind gehänselt, eingeschüchtert, übermäßig kritisiert oder missbraucht wurden. Offen über unseren Körper zu sprechen, ist nicht immer einfach, doch wenn wir uns in unserer Physis nicht wohlfühlen, ist Reden ein wichtiger erster Schritt.

Die folgende Zuschrift eines Mannes mittleren Alters hört sich beispielsweise so an, als könne er unter einer Körperdysmorphie leiden.

> Ich habe einen kleinen Penis. Als ich ungefähr 14 war, hat mich ein Junge in der Umkleide gehänselt, weil ich »einen Kleinen« hätte. Ich habe es als Demütigung empfunden. Bis zu diesem Zeitpunkt hatte es überhaupt keine Rolle für mich gespielt.

Glaubt man den Medien, ist ein kleiner Penis lächerlich und macht mich weniger männlich. Das Wort »Männlichkeit« dient als Euphemismus und setzt wünschenswerte männliche Eigenschaften mit einem großen Pimmel gleich.

Ich bin 55 Jahre alt, Vater von drei Kindern, habe eine glückliche liebevolle Beziehung und guten Sex. Sie würden mir bestimmt erklären, dass kein Grund für meine Verunsicherung besteht, wenn meine Partnerin zufrieden ist. Ich habe so viel in meinem Leben, wofür ich dankbar sein kann. Es ist unwahrscheinlich, dass ich mich noch einmal »austoben« werde. Trotzdem lässt es mir keine Ruhe, es nagt an mir, und ich bin deprimiert deswegen und war es die letzten 40 Jahre.

Ich bin in einer Umgebung aufgewachsen, in der alle davon ausgingen, dass ich »versagen« würde, und so habe ich ein äußerst schwaches Selbstwertgefühl entwickelt, eine Scham, als Mensch ungenügend zu sein. Jeder »Beweis« dafür, dass ich »zu kurz geraten« bin, verstärkt mein Gefühl von Unzulänglichkeit noch mehr –auch der kleine Penis. Ich war in Therapie, fühlte mich dort aber nicht ernst genommen. Und ich bin nach wie vor unglücklich darüber, dass ich nicht »mithalten« kann, wie ich gerne würde. Es macht mich wütend, dass so viele Menschen es offenbar in Ordnung finden, sich über die Hälfte aller Männer lustig zu machen, nur weil ihr Penis kleiner als der Durchschnitt ist. »Oh, er fährt einen Wagen mit langer Motorhaube – was will er denn damit kompensieren? (Gekicher)« Wie kann ich lernen, mich trotz dieses einen körperlichen Merkmals zu lieben, das für mich so extrem wichtig ist (aber von den meisten stigmatisiert wird) und das mich dazu zwingt, meine Scham zu verheimlichen?

Seinem Brief ist zu entnehmen, dass er in einem Umfeld aufgewachsen ist, das ihn als Versager betrachtet und ihm ständig eingeredet hat, er sei unzulänglich. Der Beleg dafür ist jedoch nicht die Größe seines Geschlechtsteils, sondern vielmehr die Tatsache, dass dieses für ihn zum Symbol dafür geworden ist, wie man ihn als Heranwachsenden behandelt hat. Sein Penis ist zum Sündenbock für alle anderen Probleme in seinem Leben geworden. Sein Gehirn verknüpfte die Demütigung, die er mit vierzehn erlebt hatte, als er wegen eines Körperteils in der Umkleide gehänselt wurde, mit allen anderen Situationen, in denen man ihm das Gefühl gab, ungenügend zu sein. Die täglichen verletzenden Beleidigungen, die er bis zu diesem Zeitpunkt hatte einstecken müssen, wurden allesamt auf dieses unschuldige Körperteil gehäuft. Und jedes Mal, wenn in der Öffentlichkeit oder im Privaten das Thema kleiner Penis aufkommt, wird die Verletzung größer.

Eine Körperdysmorphie kann sich auf vielfältige Art äußern: an bestimmten Körperteilen, wie etwa am Penis dieses Mannes, aber auch in Bezug auf Gewicht, Größe, Geschlecht, Gesichtszüge oder Hautbeschaffenheit – die Liste ist endlos. Die spezifischen Merkmale sind dabei weniger wichtig als die Tatsache, dass sie zum Symbol unseres psychischen Schmerzes geworden sind. Bei jemandem, der an einer Körperdysmorphie leidet, kann das dazu führen, dass er zutiefst mit diesem einen Aspekt seines Körpers hadert, und das ständig und eher unbewusst, oft aber auch so, dass es sein ganzes Denken beherrscht.

Viele glauben, sie könnten geheilt werden, gäbe es doch nur einen sicheren plastischen Eingriff, der den ungeliebten Teil »reparierte«. Doch so einfach ist es nicht, sie wären mit dem Ergebnis nie zufrieden: Bei einer Körperdysmorphie ist das Problem nicht der angeblich »mangelhafte« Teil des Körpers, sondern die Tatsache, dass diesem Körperteil die Schuld an den seelischen Verletzungen zugewiesen wird, welche die Betroffenen in ihrer Kindheit und Jugend erlitten haben. Es mag sich so anfühlen, als wäre der Körperteil daran schuld oder die Gesellschaft, dabei ist es in Wirklichkeit die Art von Selbstwahrnehmung, die man ihnen als Kinder und Jugendliche vermittelt hat.

Auch wenn es uns unmöglich erscheint, diese kritische Stimme in uns zum Schweigen zu bringen, können wir ein anderes Verhältnis zu ihr entwickeln. Und zwar unabhängig davon, ob Sie sich selbst, andere Menschen, Ihre Entscheidungen oder Ihren Körper für Ihre negativen Gefühle verantwortlich machen: Beginnen Sie damit, die aufdringlichen Gedanken zu beobachten, um die Kontrolle über sie zu bekommen. Akzeptieren Sie, dass es Ihnen nicht gelingen wird, sie komplett abzustellen, aber hören Sie auf, sie ernst zu nehmen. Liefern Sie sich nicht Ihren Gedanken aus: Beobachten Sie sie eher, als sich mit ihnen zu identifizieren, dann fällt es Ihnen leichter, sie auf Distanz zu halten. Das erfordert tägliche Übung. Nehmen Sie sich Zeit dafür. Die kritische Stimme in Ihnen bombardiert Sie seit Jahren mit negativen Botschaften über Sie, aber sie haben nichts mit Wahrheit zu tun, Sie haben sich einfach nur an sie gewöhnt.

Alltagsweisheit
Wir brauchen selbstzerstörerische Gedanken nicht ernst zu nehmen. Wir können sie einfach beobachten, statt uns mit ihnen zu identifizieren. Häufig ist das der Schlüssel zu einem zufriedeneren Leben.

Sobald Sie mehr Übung in der Beobachtung Ihrer Gedanken haben, werden Sie klarer erkennen, wie Sie Ihre Gefühle erleben, und können sie so von den Begründungen trennen, die Sie um sie herum gesponnen haben. Allerdings gibt es nicht immer einen Grund dafür, wie wir uns fühlen. Falls Sie mit dem Vakuum, das dadurch entsteht, nicht leben können (und viele von uns können es nicht, wir sind nun einmal Sinn suchende Wesen), denken Sie sich einfach eine bessere Geschichte aus. Zum Glück führen wir die Regie bei den Geschichten, die wir uns erzählen. Machen Sie also eine optimistische Geschichte daraus. Davon wird sie zwar nicht wahr, aber wie ich bereits im ersten Kapitel sagte: Wenn Sie sich schon eine Fantasie gönnen, dann eine gute. Wir können unsere Gedanken steuern, indem wir uns stärker auf das Positive konzentrieren.

Eine stark ausgeprägte Körperdysmorphie wird jedoch nicht von allein besser, sondern bei Nichtbehandlung eventuell sogar schlimmer. Üblicherweise wird sie im Rahmen einer kognitiven Verhaltenstherapie und / oder mit Antidepressiva behandelt. Falls die Beschreibung der Körperdysmorphie auf Sie zutrifft, sollten Sie sich von Ihrem Hausarzt beraten lassen. Für mich wäre bei einer Körperdysmorphie eine Hypnotherapie das Mittel der Wahl, denn sie kann die Verbindung aufbrechen, die Sie zwischen Ihrem seelischen Leid und Ihrem Körper hergestellt haben.

Wie man Traumata verarbeitet

Wie sich Traumata aus der Kindheit auswirken, ist heute weitaus besser bekannt als früher. Ich höre leider viele Geschichten, die von Traumata und ihren Auswirkungen handeln, und sie gehen mir zu Herzen. Ein Mann schrieb mir einen sehr emotionalen Brief über seine schwierige Kindheit und wie sie ihn immer noch verfolgt.

> Ich habe einfach keine Lust mehr, zu leben. Ich habe eine respektable Arbeit, aber es hat mich viel Zeit und Mühe gekostet, meinen Wert unter Beweis zu stellen. Ich habe auch eine fantastische Frau und ein wunderbares Kind, und ein weiteres ist unterwegs. Trotzdem lebe ich bloß vor mich hin. Das einzig Ungeplante dieses Jahr war, dass sich die ganze Familie mit Covid angesteckt hat. Ja, ich weiß, das Leben ist hart, Augen zu und durch.
>
> Dieses Gefühl von Überdruss begleitet mich schon seit meiner Kindheit. Was ich erlebt habe, haben Sie bestimmt schon Hunderte Male gehört: Vater abgehauen, der Stiefvater lässt seinen Frust an der ganzen Familie ab, Mutter wird zum Zombie, meine Schwester und ich fühlten uns einsam. Ich denke ständig daran, dass ich entweder spurlos verschwinde (karge Landschaft, kalt, ich hacke Holz, kein Telefon) oder dass mir etwas sehr Gewaltsames zustößt (ich werde von einem Auto überfahren etc.). Eine andere Vorstellung, die mich seit meiner Kindheit verfolgt, ist Selbstmord, aber da meine Familie finanziell von mir abhängig ist, ist dieser Gedanke in den Hintergrund gerückt.
>
> Ich wünschte, ich würde nicht existieren, hätte am bes-

> ten nie existiert. Mein ganzes Leben fühlt sich verkorkst und falsch an. Ich bin mir sicher, dass ich mich aus Verantwortungsgefühl meinen Kindern gegenüber nicht umbringen werde, aber deshalb sehe ich nun überhaupt keinen Ausweg mehr. Meine Frau schlägt eine Therapie vor. Doch ich denke, eine Therapie kann nur begrenzt helfen, und ich bezweifle, dass mein Leben dadurch erfüllter würde. Kann sie mir die Fähigkeit geben, Monotonie besser auszuhalten? Und einfach zu akzeptieren, dass ich weitermachen muss und mich zumindest damit trösten kann, dass mein Leben eines Tages vorbei sein wird?
>
> Ich weiß, das klingt alles sehr egoistisch – Kinder haben Priorität! –, aber sosehr ich es mir auch wünsche, sie an die erste Stelle zu setzen: Wie soll das gehen, wenn ich überhaupt nichts fühle? Es kommt mir vor, als würde ich bloß die Zeit totschlagen.

Weil er annahm, ich hätte bereits von ähnlichen Erfahrungen gehört und vielen Menschen würde Vergleichbares widerfahren, spielte dieser Mann sein Trauma herunter. Aber ein Ereignis muss nicht selten oder spektakulär sein, um ein Trauma auszulösen. Bei traumatisierten Menschen schafft es der rationale Teil des Gehirns nicht, dem emotionalen Teil seine Sicht der Dinge auszureden. Wir können nicht auf Knopfdruck ändern, wie wir uns fühlen, und es ist überhaupt nicht egoistisch, verletzt zu sein, wenn einem so viel Schmerz zugefügt wurde. Jemandem, der sich ein Bein gebrochen hat, würden wir auch nicht sagen, er solle sich zusammenreißen, und genauso wenig sollten wir es von jemandem verlangen, der an den Nachwirkungen eines Traumas leidet.

Die Bemerkung, seine Mutter habe sich in eine Art »Zombie« verwandelt, klingt für mich, als könnte sie dissoziativ gewesen sein, und ich überlege, ob dies eventuell auch auf ihn zutrifft. Wenn das Leben einem Angst macht und schwer zu ertragen ist, kann der Körper mit Dissoziation reagieren. Das kann man sich ungefähr so vorstellen, als wären unser Geist und Körper voneinander getrennt und wir würden unser Leben von außen betrachten. Der emotionale Teil unseres Gehirns ist blockiert, weil er ununterbrochen damit beschäftigt ist, traumatische Gefühle und Erinnerungen zu unterdrücken. Der rationale Teil von uns kann zur Arbeit gehen, Geld verdienen, einen Freundeskreis und gute Beziehungen pflegen, doch in uns ist nichts mehr, womit wir das fühlen oder wertschätzen könnten. Gefühle abzublocken ist eine Strategie, um Verlassenwerden und Missbrauch zu überleben: Es ist ein körperlicher Reflex, der es unserem Geist erlaubt abzudriften, wenn unser Körper gefangen ist. Das Problem bei Dissoziation oder Verdrängung ist, dass man Gefühle nicht selektiv unterdrücken kann, sondern damit auch alle anderen Emotionen abschaltet. Und leider setzt sich dieser Mechanismus oft noch lange fort, nachdem die Bedrohung verschwunden ist. Solange wir nicht wissen, was Dissoziation genau ist und wie wir sie im entsprechenden Moment erkennen können, lässt sie sich nur schwer oder gar nicht in den Griff bekommen.

Für die unterschiedlichen Erscheinungsformen der Dissoziation stehen verschiedene Behandlungsmethoden zur Verfügung. Eine Therapie, die bisweilen empfohlen wird, ist EMDR, was für Eye Movement Desensitisation and Reprocessing (»Desensibilisierung und Verarbeitung durch Augenbewegungen«) steht. Dabei können die emotionalen und rationalen Hälften unseres Gehirns wieder verbunden werden, was uns hilft, Erinnerungen und Empfindungen so zu verarbeiten, dass wir sie kontrollieren können, statt uns von ihnen beherrschen zu lassen. Verdrängen wir eine Erfahrung und setzen dieses Erlebnis nicht in Worte (oder Bilder) um, werden jedes Mal, wenn uns später etwas an die Situation erinnert, dieselben Gefühle wie damals hochkommen. Oder wir spüren die Gefahr, diese Gefühle abermals zu durchleben, und haben womöglich einen Flashback, als würde sich das Trauma hier und jetzt ereignen. Handelte es sich bei den Gefühlen von damals um Traurigkeit, Scham oder Angst, ist es für manche Menschen einfacher, auf Wut umzuschalten, statt das Risiko einzugehen, sich erneut verletzlich zu zeigen.

Es ist wichtig, Traumata der Vergangenheit zuzuordnen, sonst kann das Ereignis so erlebt werden, als fände es noch immer statt. Wurden Sie beispielsweise während eines Krieges bei einer Bombenexplosion verletzt, weil Sie nach draußen gegangen sind, und Sie haben diese Erfahrung anschließend verdrängt, kann es passieren, dass Sie, obwohl der Krieg vorbei ist und die Straßen sicherer sind, weiterhin zu große Angst haben, das Haus zu verlassen. Womöglich vergessen Sie sogar den Grund für Ihre Furcht, nach draußen zu gehen, und trauen sich trotzdem nicht. Mit einiger Wahrscheinlichkeit werden Sie zwanghaft nach anderen Gründen suchen, warum es unsicher ist, das Haus zu verlassen. Verarbeiten Sie die Erfahrung hingegen auf eine Weise, die Distanz zwischen damals und heute legt, können Sie ein erfüllteres Leben in der Gegenwart führen und sich von Ihrer Vergangenheit befreien.

Wenn wir den Mut aufbringen, die schwierigen Themen immer wieder in Worte zu fassen, werden wir Stück für Stück die Kontrolle über sie gewinnen. Je häufiger wir die Dämonen aus der Kiste herausholen und betrachten, umso weniger Angst werden sie uns einjagen – es funktioniert wie bei einem Bleistift, der immer stumpfer wird, je häufiger man ihn benutzt. Gleichwohl bewegt man sich bei der Behandlung einer traumatischen Erfahrung auf einem schmalen Grat, denn es besteht immer die Gefahr, sie nochmals zu durchleben und eine erneute Traumatisierung auszulösen. Der Psychologe Walter Mischel fand heraus, dass das Sprechen über ein Trauma nicht zwangsläufig dessen schädliche Auswirkungen verringert, auch wenn es allgemein empfohlen wird; bei falscher Behandlung können sie sich sogar verschlimmern.

Wenn sich Klienten von mir an etwas Schreckliches erinnern, ermutige ich sie, Augenkontakt mit mir zu halten, um nicht in den Albtraum zurückzufallen. Es hilft ihnen, sich bewusst zu machen, dass sie dieses Mal Kontrolle über die Situation haben. Sobald das Trauma in Worte gefasst werden kann, gehört es der Vergangenheit an und wird nicht mehr so erlebt, als fände es immer noch statt. Diesen Prozess zu ermöglichen ist allerdings eher eine Kunst als eine exakte Wissenschaft, und es gibt keine Garantie, dass es jedes Mal gelingt. Mischel hat hierfür eine gute Technik entwickelt. Seiner Erfahrung nach lässt die Wirkung des Traumas nach, wenn die Betroffenen eine unbeteiligte Perspektive einnehmen und bei der Schilderung der schlimmen Erfahrung in der dritten Person über sich schreiben. Diese Vorgehensweise schafft eine Distanz zu dem schmerzlichen Erlebnis, und die Betroffenen können das Geschehene besser reflektieren, ohne selbstzerstörerisch zu sein.

Man kann über ein traumatisches Ereignis, gewöhnlich eine Trennung oder eine Situation, in der sich der Betroffene ungerecht behandelt fühlte, auf eine Art sprechen, die sich für den Zuhörer zwanghaft anhört. Redet jemand zwanghaft über die Verletzung, die er erlitten hat, kann es den Anschein erwecken, als würde er den Schmerz damit eher nähren als lindern. Wenn wir das bei Freunden nicht mehr ertragen können, sagen wir unter Umständen, dass sie unser Mitgefühl überstrapazieren. Dieses zwanghafte Reden ist das psychologische Äquivalent zum ständigen Kratzen eines juckenden Mückenstichs. Hört man nicht irgendwann damit auf, juckt er immer weiter und entzündet sich vielleicht sogar. Das Heilmittel besteht in der Entwicklung eines Selbstgewahrseins, damit wir, statt unseren Gedanken ausgeliefert zu sein, diese steuern und das traumatische Ereignis irgendwann hinter uns lassen können, anstatt es immer wieder durchzukauen. Nicht das Durchsprechen eines Problems ist das Schädliche. In den meisten Fällen ist es gut, wenn nicht sogar unverzichtbar. Es ist jedoch wenig hilfreich, das Trauma ständig aufs Neue zu durchleben, ohne zu lernen, sich davon zu distanzieren, und ohne die Oberhand über die Erinnerung zu gewinnen.

Ich stimme Mischel zu, dass es mitunter mehr Schaden anrichtet als Nutzen bringt, zu lange über ein Trauma nachzudenken. Den Kopf in den Sand zu stecken, wird einem allerdings auch nicht helfen, es zu überwinden. Es ist kompliziert. Wer mehr über das Thema Trauma erfahren möchte, dem lege ich *Das Trauma in dir* von Bessel van der Kolk ans Herz. Das Buch erklärt, wie sich ein Trauma auf den Körper auswirkt, skizziert die Geschichte der Traumatherapie und beschreibt häufig angewandte medikamentöse, gesprächs- und körperorientierte Traumatherapien. Es ist ein sehr lesenswertes Buch mit persönlichen Geschichten und Fallstudien. Für Betroffene, die noch immer an den Nachwirkungen eines Traumas leiden, kann es nützlich sein, etwas über die unterschiedlichen Behandlungsmethoden und ihre Vor- und Nachteile zu erfahren. Auf diese Weise lässt sich besser entscheiden, welche Option man verfolgt.

Wenn Sie wie der Mann aus dem vorangegangenen Brief nichts mehr fühlen und keinen Sinn im Weitermachen sehen, so möchte ich Ihnen versichern, dass dieser Zustand nicht ewig andauern wird. Nur weil bestimmte Ansätze, Ihnen zu helfen, in der Vergangenheit nicht funktioniert haben, bedeutet das noch lange nicht, dass Sie ein hoffnungsloser Fall sind – Sie haben bloß die falsche Art Hilfe erhalten. Gefühle, ganz gleich wie düster und verzweifelt sie auch sein mögen, gehen vorüber, manchmal sogar ohne Ihr Zutun.

Ich hatte vor Kurzem einen E-Mail-Austausch mit einem Mann, der Selbstmordgedanken hegte, weil seine Frau ihn wegen seiner Antriebslosigkeit verlassen wollte, was er sogar nachvollziehen konnte. Er hatte eine E-Mail geschrieben, die mich hätte erreichen sollen, nachdem er sein Leben beendet hatte. Als ich sie erhielt, schrieb ich ihm zurück und bat ihn lediglich, die Telefonseelsorge anzurufen. Glücklicherweise hatte er sich bei der geplanten E-Mail in der Zeit vertan, und meine Nachricht erreichte ihn rechtzeitig. Die Tatsache, dass ich zurückgeschrieben hatte, veränderte seine Stimmung, ihm fiel ein kaputter Fensterriegel auf, und den Rest des Nachmittags verbrachte er damit, ihn zu reparieren. Als er mir schließlich antwortete, hatte er keine Suizidgedanken mehr. Seine Depression war nicht verschwunden, aber scheinbar hatte ihm eine einfache E-Mail genügt, um für jenen Nachmittag in der Reparatur eines Fensterriegels eine Aufgabe und einen Sinn zu finden, und das wiederum brachte ihn von seinem ursprünglichen Vorhaben ab.

Ich schrieb ihm noch einmal und bat ihn, mir einen Gefallen zu tun und einen Termin bei einem Arzt zu vereinbaren, um mit diesem über seine Gefühle und seinen Selbstmordversuch zu sprechen. Ich bat ihn auch, mir Bescheid zu geben, was dabei herausgekommen war, und zu meiner Freude hörte ich wenig später von ihm. Er hatte einen ersten Termin beim Hausarzt gehabt, der ihn an den Psychologischen Notdienst und die Organisation Healthy Minds verwiesen hatte.

Sein Beispiel veranschaulicht, wie schnell ein Moment vorübergehen kann. Ich behaupte nicht, dass mein Briefpartner außer Gefahr ist, aber weil er die E-Mail früher abgesendet hatte als geplant und weil ich ihm zufälligerweise sofort geantwortet habe (was bei mir sehr selten vorkommt), ist er heute noch am Leben. Ihnen fällt bestimmt auf, dass ich überhaupt nichts Besonderes getan habe. Ich habe ihn gebeten, die Telefonseelsorge anzurufen – was er letzten Endes nicht einmal getan hat –, mein Rat war also nicht ausschlaggebend. Eine kleine zwischenmenschliche Verbindung wie unser E-Mail-Austausch hat den Unterschied gemacht, nicht, was ich darin geschrieben habe. Die wichtigste Botschaft lautet, dass solche Momente vergehen. Wenn Sie einen dieser dunklen, dunklen Momente erleben, bitte rufen Sie die Telefonseelsorge an – sie ist rund um die Uhr erreichbar, der Moment wird vorübergehen.

Erfüllung finden

Entscheidungen in unserem Leben fällen wir im Wesentlichen unter zwei Aspekten: wie sich etwas für uns anfühlt und wie etwas für uns und andere von außen aussieht. Ich bezeichne das als innere und äußere Orientierung, und manchmal können diese beiden Antriebe im Widerspruch zueinander stehen. Für ein erfülltes Leben müssen Sie eher nach innen orientiert analysieren, wie Sie sich fühlen, als bloß darauf zu achten, wie die Dinge äußerlich wirken – selbst wenn sie auf den ersten Blick lohnenswert scheinen. Ich erhielt die Zuschrift einer Lehrerin, der es schwerfiel, beide Aspekte miteinander zu vereinbaren.

> Warum definieren wir Menschen über ihren Beruf? Ich frage mich jedenfalls, ob mein Leben dadurch eingeschränkt wird. Jedes Mal, wenn man jemand Neuen kennenlernt, läuft der Small Talk unweigerlich in die Richtung »Und was machen Sie so?«. Im Moment bin ich für die Frage gerüstet. Ich bin Lehrerin.
>
> Die Arbeit macht mir Spaß, aber durch die mentale Belastung, nicht nur für die schulische Ausbildung der Schüler verantwortlich zu sein, sondern zunehmend auch für ihr Wohlergehen, habe ich Mühe, Familie und Arbeit unter einen Hut zu bekommen. Deshalb denke ich immer wieder darüber nach, aufzuhören und etwas zu machen, das nicht so viel Raum in meinem Kopf einnimmt. Nur wie würde ich, nachdem ich mich 20 Jahre lang darüber definiert habe, Lehrerin zu sein, damit zurechtkommen, mich mit einem weniger qualifizierten Job zu beschreiben? Ich kann mir nicht vorstellen zu sagen »Ich fülle Re-

> gale auf« oder »Ich bin Hundesitterin«. Wenn ich versuche, das Thema mit meinem Vater zu diskutieren, sagt er, er wäre dann enttäuscht, denn er erzähle anderen Leuten gern, dass ich Lehrerin sei.
>
> Ich habe in der Vergangenheit auch meine eigenen Kinder gefragt, was sie später gern beruflich machen würden, und womöglich habe ich unabsichtlich mehr Zustimmung gezeigt, wenn sie zu etwas Qualifizierterem neigten, doch mittlerweile will ich vor allem, dass sie glücklich sind. Wie finde ich also den Mut, einfach nur ich zu sein, ohne Etikett? Und wie vermittle ich das meinen Töchtern?

Viele von uns setzen alles daran, dabei gesehen zu werden, wie sie die richtigen Entscheidungen treffen, und tun eher Dinge für den Lebenslauf als für ihre Zufriedenheit im Hier und Jetzt. Falls wir in der Lage sind, selbst zu entscheiden, welche Art von Arbeit wir machen wollen, ist es wichtig, dass wir mögen, wie sie sich anfühlt, wenn wir sie ausüben. Ich halte das für entscheidender, als nur die rein abstrakte Vorstellung von dieser Tätigkeit zu mögen. Ihre Arbeit sollte nicht bloß deshalb befriedigend sein, weil sie für Sie und andere gut aussieht, sondern weil sie Ihnen auch ein gutes Gefühl gibt.

Jedem, dem es ähnlich geht wie der Lehrerin im Brief, würde ich raten zu lernen, häufiger in sich zu schauen und darauf zu achten, wie sich etwas anfühlt, und weniger darauf, wie Dinge für andere aussehen. Ich sage damit nicht, dass eine äußere Orientierung generell schlecht ist. Man kann nämlich auch zu weit in die andere Richtung gehen: Wenn es uns völlig egal ist, wie wir auf andere Menschen wirken, und wir nur noch nach unseren Maßstäben leben, sind wir vielleicht irgendwann nicht mehr in der Lage, die in unserer jeweiligen Kultur notwendigen Anpassungen vorzunehmen, und haben es dann schwer, akzeptiert zu werden. Trotzdem sollten wir unsere Entscheidungen grundsätzlich weniger davon abhängig machen, wie sie wirken, sondern mehr davon, wie sie sich anfühlen. Das mag nach einer Binsenweisheit klingen, aber ich wiederhole noch einmal: Je häufiger wir unsere Verhaltensweisen in Worte fassen, desto leichter können wir sie ändern.

Die Statussymbole, an denen wir uns festklammern, sind nicht allgemein anerkannt. Für jemanden außerhalb der juristischen Welt hat es wenig Bedeutung, ob man Richter am Amtsgericht, Richter am Obersten Gericht oder Berufungsrichter ist, die meisten hören einfach bloß »Richter«. Ob man die eine Stellenbezeichnung oder eine andere, den einen Vertrag oder einen anderen hat, würde wohl kaum dazu führen, dass andere einen weniger achten, und genauso wenig ist man weniger wert, weil man gerade zwischen zwei Verträgen steht. Derartige Unterscheidungen sind für Menschen außerhalb dieser spezifischen Welten offenbar nicht wichtig.

Die Auswirkungen dieser nach außen gerichteten Orientierung sehe ich sowohl in Beziehungen als auch im Berufsleben: Hier wie dort harren Menschen in unglücklichen Situationen aus, Hauptsache, die Fassade stimmt. Ich erinnere mich an den Brief einer jungen Frau, die verzweifelt war, weil ihr Freund sich von ihr getrennt hatte. Trotzdem beschrieb sie die Beziehung im selben Brief als distanziert und ihr Sexualleben als »schon immer schlecht«, und sie habe sich ständig bewertet gefühlt. Ihre Familie gab trotzdem regelmäßig Kommentare dazu ab, »wie glücklich sie wirkten«. Warum ist das genug? Ich denke, das sollte es nicht sein. Frauen wird im Allgemeinen beigebracht, die Erfüllung liege in einem Ehemann und Kindern, und das wahre Glück sei nirgendwo sonst zu finden. Vermutlich haben viele von uns diese Vorstellung von Glück übernommen und tragen sie unbewusst tief in uns. Ich mache keiner Frau zum Vorwurf, wenn sie sich den Traum, der Mädchen verkauft wird, zu eigen macht: Eines Tages wird der Prinz kommen und sie auf ein Zauberschloss entführen. Doch eine solche Vorstellung ist nichts weiter als eine Introjektion (wir sprechen von Introjektion, wenn wir unbewusst eine kulturelle Norm oder die Einstellungen anderer übernehmen und für unsere eigenen halten).

Um uns davon zu befreien und Erfüllung zu finden, müssen wir erst einmal alles auspacken, was uns implizit oder explizit als Glück beschrieben wurde. Und dann sollten wir nur das wieder einpacken, was für uns individuell passt. Das Wunderbare daran ist, dass es eine aufregende, von Ungewissheit und Neugier geprägte Reise ist. Womöglich werden wir überrascht sein, was wir entdecken. Ich denke dabei an den Brief einer angehenden Ärztin.

> Ich studiere gern Medizin, denn ich möchte Menschen helfen, positiv auf ihr Leben einwirken und etwas verändern. Ich glaube, als Ärztin hat man viele Gelegenheiten, ein nützliches Mitglied der Gesellschaft zu sein. Auf der Liste der Dinge, die mir im Leben wichtig sind, steht Medizin ganz oben, weil es mein Beruf sein wird. Medizin ist toll, weil man das Leben anderer Menschen nachhaltig beeinflusst. Aber ich spüre, wie sich eine Distanz zwischen mir und der Medizin auftut, was ich nicht verstehe, weil ich sie doch so wichtig finde.
>
> Aber man verzettelt sich so leicht. Im Herbst beginne ich meine Famulatur, und im Sommer wollte ich ein wenig Pathophysiologie lernen. Ich habe mir schon Englisch, Deutsch, Französisch, Geometrie und Biologie

> selbst beigebracht, und es hat mir immer Spaß gemacht. Doch jetzt schaffe ich es irgendwie nicht, mich an den Schreibtisch zu setzen und für mein Medizinstudium zu lernen. Ich würde gern, aber … nun, ich tue es einfach nicht. Ich habe das Gefühl, nie alles wissen zu können, irgendeine Information wird mir immer fehlen.
>
> Alles scheint so wichtig, aber ich habe keine Freude daran, wenn alles so ernst ist, wenn es sich anfühlt, als ginge es um Leben oder Tod. Gibt es eine Möglichkeit, die Medizin anders zu betrachten – als nicht ganz so wichtig, nicht ganz so ernst, als weniger risikobehaftet und weniger schwerwiegend? Als etwas, das Spaß macht, angenehm und erfreulich ist?

Bei den meisten von uns steht die Willenskraft als Teilpersönlichkeit einem Inneren Rebellen gegenüber. Die Willenskraft hat zwar gut reden, aber der Innere Rebell bestimmt, wie wir handeln. Häufig sind uns die Wünsche der Willenskraft vertraut, und wir wissen, was der Innere Rebell nicht will, nämlich alles, was Sie lästig oder langweilig finden, ganz gleich, wie »gut es für Sie« ist. Doch was will er eigentlich? Wir müssen den Inneren Rebellen besser verstehen, sonst lässt er sich immer nur Ausreden und Vermeidungsstrategien einfallen.

Zahlreiche Experimente haben gezeigt, dass alte Menschen im Allgemeinen zufriedener sind als jüngere. – Wir sind deshalb zufriedener, weil wir uns angesichts des allmählich näher rückenden Endes unseres Lebens nicht mehr so sehr auf die Zukunft konzentrieren, wie wir es als junge Menschen getan haben, als noch so viel Zeit vor uns lag, über die wir uns Gedanken machen mussten. Wir leben in der Gegenwart und machen das Beste aus jedem Tag, weil wir wissen, dass ihre Anzahl begrenzt ist. Es ist eine Lektion für uns alle, mehr im Augenblick zu leben statt in dem, was schon passiert ist oder noch passieren wird. In meiner Psychotherapie-Ausbildung haben wir uns immer wieder einen Satz gesagt, und der lautete: »Wenn du mit einem Fuß in der Vergangenheit stehst und mit dem anderen in der Zukunft, scheißt du auf die Gegenwart.«

Aber es gibt natürlich kein Patentrezept. Würden wir nie etwas planen, würden wir uns nicht darum kümmern, Lebensmittel zu kaufen, dann hätten wir nie etwas Essbares im Kühlschrank. Es ist gut, dass wir uns in der Schule und an der Uni mit Willenskraft dazu zwingen, unsere Hausaufgaben zu erledigen, damit wir in der Zukunft ein angenehmeres Leben führen können. Trotzdem halte ich es für wichtig, dass wir uns abgewöhnen, immer alles planen zu wollen und uns Sorgen um die Zukunft zu machen, und stattdessen erkennen, dass den heutigen Tag zu genießen ein Weg zur Zufriedenheit sein kann. Der Umstand, dass wir älter und gebrechlicher werden, erlaubt uns wahrzunehmen, was uns Freude und Erfüllung bringt. Im Allgemeinen sind es unsere Beziehungen: Beziehungen zur Familie und zu Freunden, zu Nachbarn und Ladenbesitzern, aber auch zu alten Büchern, Gemälden, Habseligkeiten und Ideen.

Unser Innerer Rebell möchte vermutlich ein bisschen Spaß haben, vielleicht eine heimliche Liebschaft, irgendeine Form von Muße. Finden Sie heraus, was er will, und verhandeln Sie mit ihm. Ansonsten rebelliert der Körper. Das bedeutet unter Umständen, der Planung von Spaß ebenso viel Aufmerksamkeit zu widmen wie der Planung unserer Arbeit. Yehudi Menuhin sagte einmal: »Alles, was man unbedingt tun möchte und gern tut, sollte man jeden Tag tun. Es sollte sich so einfach und natürlich anfühlen wie das Fliegen für einen Vogel. Und es ist unvorstellbar, dass ein Vogel sagt, ach, heute bin ich müde und fliege nicht.«

Wir sind mehr als nur eine Rolle – Ärztin, Lehrer, Freundin, Vater oder was auch immer. Lassen Sie nicht zu, dass die Rolle und die Bedeutung, die Sie ihr zumessen, Sie als Person verdeckt. Die Menschen in unserem Umfeld möchten niemanden, der bloß schauspielert – sie brauchen jemanden, der greifbar ist und zu dem sie eine Beziehung haben können. Seien Sie neugierig darauf, ob Ihre Wünsche innerlich oder äußerlich motiviert sind. Finden Sie heraus, was Ihre Willenskraft-Teilpersönlichkeit möchte und aus welchen Gründen, aber natürlich auch, was sich der Innere Rebell in Ihnen wünscht.

Alltagsweisheit
Lernen Sie, mehr auf Ihre innere Stimme zu hören als auf das Echo von außen. Etwas tun zu wollen – es zu mögen und zu genießen – ist Grund genug, Zeit dafür zu investieren.

Wir müssen uns nicht zwischen Kopf und Herz entscheiden, wir können beides haben. Unser Kopf kann auf unser Herz hören, wenn er Entscheidungen trifft oder eben auch nicht trifft. Wenn wir herausbekommen wollen, was wir uns wünschen, müssen wir meiner Meinung nach sowohl auf unseren Kopf als auch auf unser Herz hören. Dazu müssen wir einiges herausfinden, im Augenblick leben und uns fragen, wie es uns mit unseren Erfahrungen geht. Und wir müssen zulassen, dass uns unsere Gefühle den Weg zeigen und nicht die Dinge, die uns vermeintlich glücklich machen sollen.

Erfüllung zu finden bedeutet, einen Kompromiss zwischen diesen Gegensätzen herzustellen. Und falls Sie das

Gefühl haben, beruflich oder anderweitig in einer Situation festzustecken, die nur von außen gut aussieht, blättern Sie zu Kapitel 3 zurück und denken Sie daran, dass es für einen Richtungswechsel nie zu spät ist.

Unsere Suche nach Sinn

In seinem 1946 erschienenen Buch … *trotzdem Ja zum Leben sagen* erzählt Viktor Frankl von einem Mann, der ihn aufsuchte, weil er nach dem Tod seiner Frau nicht mehr weiterleben wollte. Frankl fragte ihn, was passiert wäre, wenn er als Erster gestorben wäre und sie ohne ihn hätte weiterleben müssen. Der Mann antwortete, dass es schrecklich für sie gewesen wäre und sie sehr gelitten hätte. Frankl erklärte ihm, dass sein Leid ihr erspart hatte, so leiden zu müssen, allerdings um den Preis, dass er nun trauerte. Leiden ist in dem Moment kein Leiden mehr, in dem es einen Sinn bekommt. Frankl konnte die Frau zwar nicht wieder lebendig machen, aber es gelang ihm, die Einstellung des Mannes zu seinem eigenen Leid zu verändern.

Frankl zitiert darüber hinaus Nietzsche: »Wer ein warum zu leben hat, erträgt fast jedes wie.« Existenzialistische Philosophen behaupten, unser Leben habe keinen Sinn und unsere Aufgabe bestehe darin, uns damit abzufinden. Gewöhnlich versuchen wir das Problem der Sinnlosigkeit zu lösen, indem wir dem Tod einen Sinn zusprechen, um so den Schrecken der Auslöschung und das Fehlen jeden Trostes abzumildern. Eine Religion mag Reinkarnation anbieten oder das ewige Leben oder fluffige Wolken, auf denen man Harfe spielen kann. Manche von uns versuchen es vielleicht mit Leugnen. »Ich habe keine Angst vor dem Tod.« Wirklich? »Nein, wenn ich tot bin, bin ich tot, und Schluss.« Wirklich? »Klar, wenn meine ganze Familie vor mir sterben würde und ich der Letzte wäre, hätte ich Angst vor dem Alleinsein, aber vor dem Tod, o nein, ich habe keine Angst vor dem Tod.« – »Und warum«, fragen Sie nun vielleicht, »schreien Sie dann, wenn die Bremsen Ihres Autos versagen oder wenn Sie Achterbahn fahren?« Wir schreien, weil wir von Natur aus Angst vor dem Tod haben, ganz gleich, wie sehr wir uns zu beschwichtigen versuchen, indem wir ihn wegdiskutieren oder leugnen, dass er überhaupt existiert.

Das Einzige, was uns bleibt, ist, dem Tod einen Sinn zu geben. Entweder man nimmt einen vorgefertigten aus der Philosophie oder der Religion, oder man denkt sich selbst einen neuen aus. Mein Gefühl sagt mir, dass nach meinem Tod etwas von mir in anderen weiterleben wird, weil ich sie geliebt habe, und ich hoffe, dass sie diese Liebe weiter in sich tragen werden. Dahinter steht nichts anderes als die Suche nach Sinn. Um mich selbst zu beruhigen, habe ich Sinn aus dem konstruiert, was ich fühle, gleichzeitig aber auch aus Nichts. Darüber zu sprechen macht mich jedes Mal verlegen, schließlich ist es nichts weiter als der dünne Faden einer Rettungsleine. Mein Glaube macht mich angreifbar, klingt abgedroschen und fragwürdig, doch wie viele Menschen, die an etwas Unbeweisbares glauben, verteidige ich ihn gegen alle Vernunft.

Wenn wir uns den folgenden Brief von Kate ansehen, einer Frau, die im Sterben liegt, können wir erkennen, was für sie wichtig ist.

> Ich brauche Ihre Hilfe. Genauer gesagt, die Hilfe einer weiblichen Therapeutin. Obwohl ich einen sehr guten und kompetenten Therapeuten habe, der mir die letzten drei Jahre oft beigestanden hat, seit bei mir im Alter von 43 Jahren der dumme Krebs diagnostiziert wurde, merke ich, dass das, was ich vorhabe, vermutlich ziemlich weiblich ist, denn als ich es ihm gegenüber ansprach, meinte er: »Typisch Frau.«

Um es kurz zu machen: Glücklich verheiratet mit einem wunderbaren Mann. Keine eigenen Kinder, böse Stiefmutter einer 24-Jährigen. Bevor ich die schreckliche Krebsdiagnose erhielt, war ich immer nur am Arbeiten. Jede Menge Chemo, jede Menge Tränen. Düstere Prognose. Trotzdem gebe ich nicht auf und schreibe dies aus einem Hotel in London, wo ich mir eine schöne Zeit mache. Auch wenn es mir leidtut, dass der Tod so bald kommen wird, habe ich mich mit ihm abgefunden. Das Ende durchzustehen setzt mir viel mehr zu.

Ich möchte mein bald vergangenes Leben gern über den Tod hinaus gestalten. Wie bei der Planung einer Hochzeit stelle ich mir die Musik bei der Beerdigung vor und wie es für alle funktionieren kann. Für mich fühlt es sich an, als würde ich aus meinem Haus vertrieben und müsste die Tür offen stehen lassen, ohne mich darum zu scheren, was danach geschieht. Als Erstes wird die Katze davonlaufen, weil mein geliebter Mann nie die Tür schließt.

Meinen feinfühligen Mann dabei zu beobachten, wie er mir beim Sterben zusieht, ist eine Qual, und ich möchte die Party nicht verlassen: Wir haben so viel Spaß. Ich glaube, es würde ihm gefallen, wenn ich noch irgendwie »da« wäre, nachdem ich den Löffel abgegeben habe. Und mir würde das auch gefallen. Vielleicht habe ich meine Frage damit schon beantwortet.

Soll ich einen Freund fragen, ob er ihm aus einem Stapel von vierzig Karten jedes Jahr eine Geburtstagskarte schickt? Hinterlasse ich ihm eine Kiste mit hilfreichen Büchern? Und liebe Nachrichten und aufmunternde Worte aus dem Jenseits? Was wird eine zukünftige Ehefrau davon halten? Sie könnte eine Gebrauchsanleitung brauchen – er ist kompliziert.

> Wie kann ich mein Leben auf liebenswürdige, großmütige Weise verlassen? Haben Sie schon mal jemanden getroffen, der sein Leben mit sehr detaillierten Vorgaben über den Tod hinaus organisiert hat? Mein Gott, es ist total verrückt.

Ich möchte ihr dafür danken, dass sie eine so zärtliche E-Mail geschrieben hat, die zeigt, wie man sein Leben liebenswürdig und großmütig aus der Hand gibt. Es ist nicht verrückt, sondern wunderschön. Sie hat ihre Frage selbst beantwortet, und ich hebe ihre Lektion für mich selbst auf. Ich liebe die Idee von Büchern, einer Art Gebrauchsanleitung, Nachrichten und Geburtstagskarten nach dem Tod. Ihre Einfälle sind ihre Kunst, das Vermächtnis ihrer Liebe. In diesen letzten Momenten wurde ihr klar, dass das Wichtigste in ihrem Leben – das, was ihrem Leben, aber eben auch ihrem Tod Sinn gab – ihre Beziehungen waren. Ihre Liebe für ihren Mann, ihre Liebe für ihre Stieftochter und ihre Liebe für ihre Katze. Je mehr ich darüber nachdenke, umso mehr wird mir bewusst, dass Beziehungen auch in meinem Leben das Wichtigste sind. Mit ihrem Wunsch, ihren Tod bis ins Detail zu planen, zeigt Kate ihre Wertschätzung für diese Verbindungen und wie dankbar sie dafür ist.

Was können wir von Kate lernen? Ihr Tod wird schrecklich für ihren Mann sein, aber eine schöne Beerdigung wird es erträglicher machen. Manchmal kann sogar die vertraute Rolle Toilettenpapier helfen: Nach dem Tod meiner Mutter wollte mein Vater wissen, welches Toilettenpapier meine Mutter immer gekauft hat, damit er mit so wenigen Veränderungen wie möglich fertigwerden musste. Vermeintliche Kleinigkeiten wie diese fühlen sich nicht so klein an, wenn man trauert. Wie ein »Kontrollfreak« alles planen zu wollen, muss nicht zwangsläufig schlecht sein. Kates Listen, die Gebrauchsanleitung und die Bücher werden ihrem Mann und ihrer Stieftochter nicht nur den Weg weisen, sie werden ihnen auch etwas von ihr geben, woran sie sich festhalten können. Der Psychoanalytiker Donald Winnicott bezeichnet den Teddy, den wir unserem Kind zum Kuscheln geben, als ein Übergangsobjekt. Etwas, das es an uns erinnern soll, wenn wir nicht bei ihm sein können.

Leider hat Kate ihre Krebserkrankung nicht überlebt. Ich habe dem Witwer nach ihrem Tod geschrieben, und auch wenn er noch keine Karten von ihr gefunden hat, so hat er doch einen anderen Schatz von Dingen entdeckt, die sie für ihn zurückgelassen hat: Bücher zur Trauerbewältigung und Zettel mit Notizen, was sie für ihn empfunden hat. Diese Geschenke über den Tod hinaus sind seine Übergangsobjekte, und ich bin sicher, dass er sie in Ehren hält und wertschätzt. Ich stelle mir vor, dass es auch für sie eine Übergangsübung war. So hatte sie nicht das Gefühl, plötzlich zu sterben, sondern dass nach ihrem Tod etwas von ihr zurückbleibt, das greifbar ist. Wir alle sollten unser Möglichstes tun, um das Ende unseres Lebens erträglicher zu machen und unserem Tod einen Sinn zu geben.

Wenn wir keinen Sinn spüren, kann uns die Verzweiflung überwältigen. Ich stelle Kates Brief einen anderen gegenüber, den ich erhalten habe.

> Ich gehe einmal die Woche zur Therapie. Trotzdem spüre ich eine hartnäckige, beschämende Verzweiflung. Ich bin gefangen in einem unglücklichen und nutzlosen Leben. Ich mag meine Arbeit nicht. Ich hasse es, nach dem Zeitplan von jemand anderem funktionieren zu müssen, überflüssige E-Mails zu verschicken, an überflüssigen

> Meetings teilzunehmen. Ich hasse die täglichen acht Stunden im Büro, die langen Arbeitswege, dass ich Urlaubsanträge stellen muss – es ist nur Schlafen, Arbeiten, Schlafen, Arbeiten.
>
> Ich habe keinen Garten und laute Nachbarn. Ich muss nicht hungern und habe ein Dach über dem Kopf, aber ich kann es mir weder leisten, in Urlaub zu fahren, noch essen zu gehen oder Kleider und Bücher zu kaufen.
>
> Meine Familie und Freunde sind wundervoll. Ich habe einen Partner, der mich liebt. Aber ich bin hoffnungslos unglücklich. Wie kann ich das Menschen gegenüber aussprechen, die mir nahestehen? Ich fühle mich wie ein launenhaftes Kind: Ich trete auf der Stelle und jammere. Ich weiß einfach nicht, wie ich in dieser Welt glücklich leben soll.

Von Zeit zu Zeit unglücklich zu sein, lässt sich nicht vermeiden. Unglücklich zu sein ist das Eine, wir müssen es aber nicht noch schlimmer machen, indem wir uns für unser Unglücklichsein schämen. Viele Eltern können es nicht ertragen, wenn ihre Kinder unglücklich sind. Sie möchten ihrem Kind nicht das Gefühl vermitteln, es sei inakzeptabel, wenn es unglücklich ist, aber genau dieser Glaube kann sich mit der Zeit verfestigen. Wurde unsere Traurigkeit in der Kindheit nicht ernst genommen oder von uns als beschämend erlebt, haben wir als Erwachsene Schwierigkeiten, mit Traurigkeit umzugehen.

Ich glaube, man sollte schwierige Gefühle annehmen, sie sind wie eine Alarmglocke, die uns signalisiert, dass wir unserem Leben mehr Sinn geben sollten. Was uns in jüngeren Jahren sinnvoll erschienen ist, müssen wir im Lauf der Zeit immer wieder überprüfen. Gewöhnlich sind es

Krisen oder schwer zu ertragende Gefühle, die eine solche Überprüfung auslösen. Andere vertreten allerdings die Meinung, man müsse schwierige Gefühle ruhigstellen. Ich halte Psychopharmaka in bestimmten Fällen für durchaus angebracht, aber sie sollten nicht die erste Anlaufstation sein. Es ist wichtig, dass wir auf unsere Gefühle hören, denn sie können uns motivieren, Veränderungen vorzunehmen, die uns ein erfüllteres Leben ermöglichen.

Frankl vertrat die Meinung, dass jeder von uns seinen ganz eigenen Lebenssinn finden muss, um ein lebenswertes Leben zu führen. Doch wie können wir herausfinden, was unserem Leben einen Sinn verleiht? Ich denke an einen Brief, den ich von einem jungen Mann aus Mexiko erhielt.

> Ich werde bald 33. Ich lebe in einem sehr kleinen Dorf in Mexiko, allein in einem gemieteten Haus. Ich bin Single und habe keine Kinder. Ich arbeite von zu Hause, mit meinem Gehalt kann ich gerade meine Rechnungen und Schulden bezahlen. Mein Job ist entspannt, aber ich hasse ihn.
>
> Die letzten zehn Jahre ging es in meinem Leben ausschließlich ums Überleben. Ich wollte einfach nur meiner toxischen Familie entkommen und dem gewalttätigen Viertel, in dem wir wohnten. Meine Gesundheit hat darunter gelitten. Jeder Tag fühlte sich hoffnungslos an. Obwohl ich mittlerweile mehr Ruhe, Raum und Zeit für mich habe und es mir gesundheitlich besser geht, fühle ich mich noch immer nicht zu Hause, und ich frage mich, ob es je der Fall sein wird.
>
> Ich habe nicht viel aus meinem Leben gemacht. Ich bin nie gereist und besitze weder ein Auto noch ein eigenes Haus. Aufs College zu gehen, konnte ich mir nicht

leisten. Ich habe weder Freunde noch ein Liebesleben. Ich lese, aber ich bin kein »ernsthafter« Leser. Ich höre Musik, weiß aber nichts darüber. Ich bringe keinerlei Disziplin auf. Ich lerne nichts dazu.

Ehemalige Mitschüler, die nie zu den Klügsten gehört haben, scheinen hingegen mit ihrem Leben zufrieden zu sein. Ein paar besitzen ein kleines Geschäft, haben Kinder, aber keinerlei Ambitionen. Ich erinnere mich oft an die zwei Jahre, die ich als Kind bei meiner Großmutter verbracht habe. Ich fühlte mich sicher und geliebt, und jeder Tag war ein Abenteuer. Ich möchte mich lebendiger fühlen. Ich möchte, dass mein Leben einen Sinn hat. Es gefällt mir nicht, dass ich 33 werde und nichts vorzuweisen habe.

Es klingt, als sei der Mann den Großteil seiner Kindheit über enorm viel inneren Stress gewohnt gewesen. Wenn die Ursache für den Stress verschwindet, kann dies Unbehagen, Langeweile oder ein Gefühl von Bedeutungslosigkeit auslösen. Was er erlebt, ist erwartbar und normal. Wenn wir innehalten und einmal genau hinsehen, erkennen wir womöglich, dass da eine Lücke klafft. Nennen wir sie eine existenzielle Leere, und bei vielen kann sie so etwas wie Panik auslösen. Wir erlauben es uns nicht, das leise Unbehagen zu verspüren, das mit der existenziellen Leere einhergeht, und scrollen deshalb durch unsere Smartphones, stellen den Fernseher an oder klappen den Laptop auf und machen uns wieder an die Arbeit. Bitte fürchten Sie sich nicht vor diesem Unbehagen, sondern lassen Sie es unbedingt zu! Denn wenn wir das tun, wenn wir es einfach aushalten, fällt uns vielleicht etwas ein, etwas, das wir gern lesen oder tun würden, oder vielleicht auch jemand, den wir gern sehen würden.

Sich zu erlauben, diese Art Leere zu spüren, kann sehr hilfreich sein. Statt sie mit etwas zu füllen, das Sie sofort befriedigt (allerdings selten auf lange Sicht), können Sie sich die Möglichkeit geben, neue Gedanken zu denken, Dinge zu erschaffen oder Ihre Beziehungen zu anderen zu stärken. Ich möchte, dass Sie im metaphorischen Sinne gärtnern – halten Sie die existenzielle Leere frei von Unkraut, aber nehmen Sie wahr, was darin heranwächst. Betrachten Sie es als ein unbearbeitetes Fleckchen Erde, auf dem Sie etwas Neues wachsen lassen können. Und sollten Sie etwas anpflanzen, das doch nicht gedeiht, ist das auch okay, dann pflanzen Sie eben etwas anderes an. Während wir herausfinden, wer wir sind und was wir brauchen – eine lebenslange Aufgabe –, dürfen wir experimentieren.

Wir müssen unsere Existenz nicht dadurch rechtfertigen, dass wir um die Welt fliegen und Probleme lösen. Wir können einfach sein. Manchen von uns fällt es schwer, sich unabhängig von ihren Leistungen und Taten wertzuschätzen, vor allem, wenn ihnen in ihrer Kindheit eingeredet wurde, dass es nur darauf ankomme. Vielleicht haben sie sich an die Überholspur gewöhnt und setzen Ruhe und Stillstand mit Wertlosigkeit gleich. Vielleicht fällt es ihnen schwer, sich ohne Adrenalin wirklich lebendig zu fühlen. Adrenalinjunkies sind oft antriebslos, wenn sie nicht ihr Ding machen können, doch wenn sie lernen wahrzunehmen, wie es sich anfühlt, zu atmen, wie es

Alltagsweisheit
Eine existenzielle Leere fühlt sich ein wenig so an, als wäre man aus einem Bus gestiegen, ohne zu wissen, wann der nächste kommt und wohin er fährt. Keine Panik, irgendwann taucht immer ein Bus auf.

sich anfühlt, etwas zu berühren, zu riechen und zu schmecken, wird ihnen allmählich bewusst, dass Leben nicht bedeutet, immer an seine Grenzen zu gehen. Vielleicht würden mehr von uns wie die alten Schulfreunde dieses Mannes leben – zufrieden damit, ein kleines Geschäft zu haben und die Liebe, die sie als Kinder von ihren Großmüttern erfahren haben, weiterzugeben (falls deren Liebe die einzige Fürsorge war, die ihnen zuteilwurde).

»Zwischen Arbeit und Schlaf kommt die Zeit, die wir unser eigen nennen. Was tun wir damit?«, fragt Laurie Lee zu Beginn des Films *Spare Time* von Humphrey Jennings aus dem Jahre 1939. Die Vielfalt unserer verschiedenen Aktivitäten ist riesig. Wir sammeln alles von Wiener Glas bis zu gefundenen Einkaufslisten; wir lernen so unterschiedliche Dinge wie Kraulen oder chinesische Kalligraphie. Wir stricken, wir angeln, wir wandern, wir spielen Laientheater, und wir üben und werden immer besser. Es tut uns gut, in etwas besser zu werden und neue Dinge zu lernen. Auf diese Weise fühlen wir uns mehr im Einklang mit unserem Körper, unser Geist ist wacher, und wir sind stärker mit unserer Welt verbunden. Das wohl Wichtigste, was uns die Dinge geben, die wir gerne tun, aber nicht tun müssen, sind für mich ein Ziel und ein Sinn. Diese beiden Dinge im Leben zu haben, senkt das Risiko, depressiv zu werden.

Im Jahr 1938 begann man im Rahmen der Harvard-Langzeitstudie 268 männliche Studenten (von denen neunzehn noch am Leben sind, während ich dies schreibe) regelmäßig zu untersuchen, um herauszufinden, welche Komponenten wir in unserem Leben brauchen, um gesund und zufrieden zu sein. Die Studie beobachtet die Teilnehmer seit fünfundachtzig Jahren und wurde schließlich auch auf die Nachkommen der ursprünglichen Probanden ausgeweitet. Insgesamt sind es nun 1300 Studienteilnehmer, von denen die meisten im Alter zwischen sechzig und siebzig Jahren sind. Aus der Fülle der erhobenen Daten zu körperlicher und geistiger Gesundheit wurde unter anderem deutlich, dass Menschen in zufriedenen und glücklichen Beziehungen auch wesentlich gesünder sind. Gemeinschaft hilft uns, länger und zufriedener zu leben. Auf unseren Körper zu achten, ist wichtig, aber unsere Beziehungen zu pflegen, ist eine ebenso lebensnotwendige Form der Selbstfürsorge. Jeder von uns wird im Laufe seines Lebens Beziehungen erleben, die nicht funktionieren. Es ist wichtig, sich nicht dafür zu verurteilen oder als beziehungsunfähig abzuschreiben, sondern dazuzulernen und es von Neuem zu versuchen.

Medien und Werbeagenturen versuchen, uns einer Gehirnwäsche zu unterziehen, indem sie uns einreden, Glück bestünde in beruflichem Erfolg und im Anhäufen von Besitz und Geld. Manchmal ertappe ich mich selbst bei dem Gedanken: *Wenn ich diese perfekte Kücheninsel hätte* … Dabei weiß ich, dass unser Glück nicht von einer schicken modernen Küche abhängt: Es sind die Menschen in der Küche, auf die es ankommt. Gute und bessere Beziehungen zur Familie, zu Freunden und zu unserem Umfeld zu haben, ist das, worauf wir uns konzentrieren sollten.

Nachwort

Ich muss Ihnen etwas gestehen: Der Titel dieses Buchs ist ein Trick. Ja, es ist das Buch, von dem Sie möchten, dass es alle, die Sie lieben, lesen, weil Beziehungen eben nicht von einer einzelnen Person abhängen. Es bedarf zweier Menschen, um eine Verbindung aufzubauen und zu diskutieren. Wir verändern uns nicht von allein, und wir müssen offen dafür sein, dass Menschen, die wir lieben (und auch solche, die wir nicht lieben), uns beeinflussen. Im Gegenzug wirkt es sich auf andere Menschen aus, wenn wir uns verändern und uns bewegen. Sind wir zufriedener, werden es unsere Liebsten vermutlich auch sein. Unser Verhältnis zu uns selbst wirkt sich auf unser Verhältnis zu anderen aus. Die Anderen können wir nicht ändern. Wir können zwar Einfluss auf sie ausüben, und wechselseitige Einflüsse sind unerlässlich für Wachstum, doch letztlich sind andere Menschen selbst für ihre Entscheidungen und ihr Verhalten verantwortlich. Der einzige Mensch, an dem wir etwas ändern können, sind wir selbst. In Wirklichkeit wollte ich also, dass *Sie* dieses Buch lesen.

Wir haben keine Kontrolle über jeden Aspekt unserer Lebensumstände – wir können uns weder die Familie aussuchen, in die wir hineingeboren werden, noch, ob jemand, der uns nahesteht, uns verlässt oder stirbt, oder ob es ein Erdbeben gibt. Worüber wir aber immer bestimmen können, ist unsere Beziehung zu uns selbst. Das bedeutet, es liegt in unserer Hand, wie wir auf unseren Körper achten, und ebenso liegt es in unserer Hand, welchen Dialog wir mit uns selbst führen. Wir haben die Wahl, wie wir uns anderen gegenüber verhalten, und wir können uns entscheiden, wie wir in einem bestimmten Moment reagieren oder wie wir über etwas nachdenken und handeln.

Ich habe in diesem Buch über die Bedeutung von Beziehungen und die damit verbundenen Schwierigkeiten geschrieben. Es gibt keine reibungslose Beziehung – und damit meine ich nicht nur Liebesbeziehungen. In jeder engen Beziehung werden Schwierigkeiten auftauchen, denen man sich stellen muss. Doch so kompliziert Beziehungen auch sind, wir alle brauchen sie. Wir brauchen andere als menschliche Spiegel, die uns zeigen, wie sie uns erleben, denn auf diese Weise bekommen wir ein Gefühl für uns selbst. Vielleicht haben Sie Ihre Ansichten über Menschen, die Sie beim Aufschlagen des Buchs nicht so sympathisch fanden, geändert, weil Sie inzwischen intensiver über deren Verhaltensweisen und deren Lebenssituation nachgedacht haben. Manchmal sind andere Leute nervig und furchtbar, und manchmal gehen sie einfach nur anders an das Leben heran als wir selbst. Wenn wir nicht lernen, mit Verschiedenheit umzugehen, kämpfen wir entweder die ganze Zeit gegen Windmühlen, oder wir brechen irgendwann zusammen und verlieren das Gefühl für uns selbst, weil wir uns nur noch nach den Wünschen der anderen richten. Veränderung ist unvermeidlich, und ich hoffe, das Kapitel darüber hat Ihnen das Rüstzeug mitgegeben, um besser mit kommenden Veränderungen umzugehen. Und auch wenn wir nicht immer glücklich sein können, hoffe ich, dass wir alle ein gewisses Maß an Zufriedenheit im Leben finden, indem wir unsere Gefühle zulassen und zügeln.

Momentan ist es Mode, dass alle nach einer Schublade

suchen, in die sie ihre Gefühle hineinstecken können – »Mein Beziehungsstil sieht so und so aus« oder »Mein inneres Kind leidet unter XYZ« –, doch es birgt die Gefahr, dass Gefühle auf diese Weise verfrüht ausgepackt werden. Die Schlagwörter werden Teil der Identität und verhindern, dass jemand weiter nachfragt. Den Betroffenen geht es nicht besser, denn sie verlangen eine schnelle Erklärung, statt sich erst einmal Zeit zu nehmen, wirklich zu verstehen, wer sie sind. Wir sind alle ganz unterschiedlich weit darin, uns selbst, andere Menschen und unsere Welt zu verstehen – und uns in eine dieser Schubladen zu stecken, kann übertrieben sein. Manchmal ist eine Diagnose sinnvoll, manchmal führt sie aber auch nur dazu, dass man sich selbst begrenzt. Ihnen ist vielleicht aufgefallen, dass ich in diesem Buch darauf verzichte, Diagnosen zu stellen, und ich halte es für wichtig, dass auch Sie das am Ende des Buches vermeiden.

Seiner selbst mehr gewahr zu werden und besser gerüstet zu sein, um mit dem Leben klarzukommen, bedeutet nicht, jede Stunde des Tages mit Nabelschau zu verbringen. Vielmehr geht es darum, unseren Teil der Verantwortung dafür zu übernehmen, wie wir uns fühlen und was wir bei anderen auslösen. Natürlich sollen Sie erst Ihre eigene Sauerstoffmaske aufsetzen, bevor Sie sich um andere kümmern. Doch diese Notwendigkeit hindert uns nicht daran, anderen zuzuhören und ihre Erfahrungen und Standpunkte zu verstehen. Führt Ihre Selbstbeobachtung nur dazu, dass Sie paranoider werden, Urteile über andere fällen und sich noch mehr isolieren, ist sie sehr wahrscheinlich schädlich. Führt Ihre Selbstreflexion hingegen zu besseren Verbindungen, besserer Kommunikation, einem entspannteren, einem interessanteren Leben und dazu, dass Sie sich anderen näher fühlen, dann hoffe ich, dass Sie damit weitermachen. An sich selbst zu arbeiten, ist wichtig. Es ist weder egoistisch noch egozentrisch, sondern hilft Ihnen, Barrieren abzubauen, die Sie daran hindern, anderen näherzukommen.

Jeder von uns ist eine Baustelle. Wir sind nie fertig, und es ist nützlich, sich verschiedene Theorien anzusehen und zu überlegen, was wir zu einem bestimmten Zeitpunkt davon auf uns selbst anwenden können. Manche der Theorien in diesem Buch können nützlich für Sie sein. Andere werden etwas in Ihnen zum Klingen bringen und Ihnen Dinge sagen, die Sie schon immer gewusst haben, aber bislang nicht in Worte fassen konnten. Und für manche sind Sie vielleicht noch nicht bereit. Vielleicht werden es nie die Richtigen für Sie sein, und das ist auch in Ordnung.

Ich verspreche nicht, dass die Lektüre dieses Buches »Ihr Leben verändern« wird. Das wollte ich von Anfang an sehr deutlich machen. Meine Hoffnung ist, dass sich manches für Sie als nützlich erweist, allerdings wird das nur der Fall sein, wenn Sie sich angewöhnen, neue Verhaltensweisen und Kommunikationsformen auszuprobieren. Ich hoffe, das Buch hat Sie ermutigt, Ihre Sichtweisen und Reaktionsmuster zu überprüfen, und Ihnen bei der Entscheidung geholfen, was Sie beibehalten möchten – ich gehe davon aus, dass es der Großteil dessen ist, was Sie ausmacht –, und Ihnen darüber hinaus ein paar Anregungen gegeben, welche neuen Gewohnheiten nützlich für Sie sein könnten. Ich persönlich arbeite daran, mich anzunehmen, wie ich bin, und meine Grenzen zu akzeptieren. Und bitte haben auch Sie Nachsicht und akzeptieren meine Grenzen ebenfalls.

Als ich das Nachwort zu *Das Buch, von dem du dir wünschst, deine Eltern hätten es gelesen (und deine Kinder werden froh sein, wenn du es gelesen hast)* schrieb, hatte ich eine sehr starke Botschaft, die ich unbedingt zum Wohle der Menschheit vermitteln wollte. Dieses Mal lautet meine einzige Botschaft, nachsichtig mit den eigenen Fehlern und denen anderer umzugehen. Und falls ich eine für Sie dringende Angelegenheit nicht angesprochen habe, schreiben Sie mir eine E-Mail, und ich werde mein Bestes geben, um sie zu beantworten – entweder in meiner Kolumne oder einem weiteren Buch.

Dank

Ich muss viele Dankesworte aussprechen. Ich danke Anna Argenio und Venetia Butterfield von Cornerstone Press, ohne die dieses Buch nicht zustande gekommen wäre. Ich liebe diese beiden Lektorinnen für ihre Großzügigkeit und Herzlichkeit – und weil sie immer ihre Meinung sagen und an mich glauben, wenn mein eigenes mangelndes Selbstvertrauen die Geduld von Heiligen auf die Probe stellen würde. Ich danke meinen Agentinnen, Karolina Sutton für den großartigen Deal und Alice Lutyens und Stephanie Thwaites dafür, dass sie ihn zum Abschluss gebracht haben.

Vielen Dank an meine geliebte Tochter, die immer eine großzügige frühe Leserin ist, sowie an eine andere frühe Leserin, Julianne Appel Opper – meine liebe Psychotherapie-Kollegin, die freundlicherweise einige Ideen zu diesem Buch beigesteuert hat. Danke an James Albrecht und Alex Fane für die Organisation meiner Rockstar-Buchtour. Vielen Dank an Professorin Jane Shaw und The Reverend Dr Claire McDonald, die den Vizekanzler der Oxford University überzeugt haben, mich einzuladen, die Oxforder *Sin of Pride*-Predigt zu halten, die auszugsweise in diesem Buch enthalten ist. Ein großes Dankeschön geht an meine gute Freundin Natalie Haynes, die bei der Titelfindung geholfen hat. Ein herzlicher Dank auch den folgenden Personen: Yolanda Vazquez, Jonny Phillips, Eilidh Brooker, Richard Ansett, Janet Lee, Suzanne Moore, Lorna Gradden, Richard Coles, Helen Bagnall und natürlich an meine Freundinnen und Freunde: Eure Liebe und Unterstützung bedeuten mir unendlich viel.

Danke an meine Kolleginnen und Kollegen beim *Observer* – Harriet Green, Steve Chamberlin und Martin Love –, die meine Kolumne jede Woche wundervoll redigieren. Und an all die lieben Menschen, die sich trauen, verletzlich zu sein und mir ihre Probleme zu schicken, die mir immens dabei helfen, über das Leben nachzudenken und darüber, wie man mit ihm klarkommt.

Und zu guter Letzt danke ich meinem geliebten Mann Grayson für seine Liebe und Unterstützung.

Philippa Perry, 15. März 2023

Register